日本刀を研ぐ

研師の技・眼・心

［新装版］

永山光幹

雄山閣

日本刀を研ぐ

研師の技・眼・心

恩師本阿彌光遜先生ならびに諸先達に深甚なる敬意を表し、本書を捧げます

目次

第五章　明治・大正の刀剣社会と光遜先生のこと

第一章　修業時代

ヤス夫人と、入門間もないころの著者（左）

直垂《ひたたれ》を着て砥石に向かう（上野松坂屋での実演）

昭和初年の世相

「どうして刀の仕事に就いたのですか」

「どんなきっかけで研師《とぎし》になったのですか」

今でもよく聞かれることです。

世間では、研師という仕事がよほど特殊なものに見えるようです。刀を作ったり、研いだり、鎺《はばき》という小さな金具を作ったり、鞘《さや》の製作や塗り・柄巻《つかま》きをしたりする人たちがそれぞれ今も専門にいて、およそ一〇〇〇人が全国で活躍していると言いますと、とても信じられないといった表情をなさいます。かく言う私も日本刀とは全く縁のない環境に育ち、六五年前、刀や研師の仕事について何の知識もないまま、本阿彌光遜《ほんあみこうそん》先生に弟子入りしたのでした。

少年のころ、あんな仕事をやってみたい、こういう人になりたいと、漠然と将来を夢見ることはありました。当時、世の中の最先端を行く自動車は特にあこがれの的で、かぐわしいガソリンの匂いをかぎながら、次々と新車を作り出す工場に働く自分を想像したこともありました。また絵を描くことが好きだったので、画家になれたらいいなと思ったりもしました。

私たちのころは小学校を終えて上級学校に進学する者はまれで、ほとんどが仕事に就きました。

仕事といっても働き口は限られ、たいていは商家や農家、職人の家などに奉行《ほうこう》に出たものでした。長男であれば家業に就くのは当然、次三男であっても二〇歳の徴兵検査を迎えるまで家を手伝った者は少なくありません。

つまり、それ以上の負担はかけず、家業を手伝うにしても働きに出るにしても、家の役に立つことが子供たちに求められた時代でした。今から見るとはるかに貧しかったのですが、皆等しくそうでしたから、それが当たり前のことと受け止められていました。

私たちの世代が物心ついて育った昭和の初めは、日本中に不景気風が吹き荒れていました。昭和二年（一九二七）に金融恐慌が起きると、取り付け騒ぎが広がり、一流の銀行や会社の倒産が相次ぎました。間もなく世界大恐慌が追い打ちをかけました。一方で、山東出兵（昭和二年）が始まり、満州事変（同六年）、上海事変（同七年）、五・一五事件（同）、国際連盟からの脱退（同八年）と続き、大陸での全面戦争に突入していった時代でもありました。

私が本阿彌家に入門した昭和九年には、東京宝塚劇場が開場し、忠犬ハチ公の銅像が渋谷駅前に建ち、ベーブ・ルースを含むアメリカ大リーグ選抜野球チームが来日し、丹那トンネルが開通し、日産自動車のダットサンの量産が始まるなど、耳新しい話題もありました。東海林《しょうじ》太郎の「赤城の子守唄」やディック・ミネの「ダイナ」などの流行歌がヒットしたのもこの年です。

しかし、概して世相は暗く、九月に関西地方を襲った室戸台風は、死者・行方不明三〇〇〇人以上、全壊・流出家屋四万という惨害をもたらしました。また、東北地方の凶作はこの年特にひどく、翌年にかけて娘さんたちの身売りや欠食児童が続出し、行き倒れや自殺などの悲惨な出来事も続きました。

二等米一〇キロが二円二六銭、日本酒一升が一円八九銭のときに、わずか五〇円で苦界に身を沈めた例も少なくなかったのでした。

入門の日

「塞翁《さいおう》が馬」という中国の故事があります。「人間万事塞翁が馬」のことわざも、日ごろよく耳にします。

北辺の塞《とりで》に住む老人（塞翁）の飼う馬が、あるとき胡《こ》の地に逃げてしまった。しばらくしてその馬は駿馬《しゅんめ》を連れ帰り、二頭の間に良馬が生まれた。老人の息子は、その馬から落ちて足を折ってしまった。その後戦争が起こり、大勢の若者が戦死するが、塞翁の息子は足のけがのために出兵することはなかった――。そこで、人の世では、災いはいつ福に転じるか、福がいつ災いに転じるかわからない、禍福の転変は測り知ることのできないものであるから、そのたびに喜んだり悲しんだりすることはない、という教訓の意味で使われています。

昔の人は、実に含蓄のあることを言うものです。私が研師になれたのも、今まで研師としてずっと刀に携わってこられたのも、そういえば「塞翁が馬」であったということかもしれません。

研ぎの修業に入るきっかけは、近くで理髪業を営む次兄の良吉が持ってきた話でした。隣りの山田さんの家は大きな農家でしたが、親戚に日本刀の鑑定と研磨で日本一の先生がいて適当な弟子を探しているので、世話をしてもいいと言ってくださったのだそうです。その親戚というのが実は光遜先生で、夫人のヤスさんの実家が山田家だったわけです。

私の家も農家でしたが、男五人、女二人の七人兄弟の末っ子である私の手伝いは、特に当てにされていませんでした。しかし、外に仕事を求めるといっても、不景気の時世にうまい話があるはずもありません。兄を手伝いながら、理髪の技術を身につけるのが現実的な選択と思われてきた矢先のことでした。中身は全くわかりませんが、面白そうな仕事に思え、お願いすることにしました。一週間ほどたって、上京するようにとの先生からの伝言がありました。

三月末のある日、山田さんのご主人源蔵さん（ヤスさんの弟）と兄に連れられて、本厚木駅から小田急電車に乗りました。今でこそ界隈は建物が密集していますが、当時は少し駅を離れると田んぼや畑ばかりでした。それが、在所を離れ終点に近づくにつれて、街のにぎやかさは増すばかりです。次第に不安が募ってきました。省線に乗り換えて上野駅に降りるころには、胸の高鳴りが二人の大人に悟られるのではないかと思えるほどでした。

本阿彌家のあった東黒門町一九番地は、現在の松坂屋から少し秋葉原に寄った辺りです。上野のお山の登り口にあった黒門に由来する由緒ある地名ですが、今では小学校の名前ぐらいしか残っていないでしょう。

玄関で用件の取り次ぎをお願いし、客間に上げていただきましたが、先生はなかなか現れません。奥さまがおっしゃるには、先生は若いころフランス料理を勉強されたことがあり、その腕を振るって作った若鳥の唐揚げと肉団子でお客さまをもてなしておられ、中座できないとのことでした。

二時間近くも待ったでしょうか。脚がしびれて感覚も麻痺したころ、先生は愛想よく入ってこられました。一見して、私は肝をつぶしてしまいました。

光遜先生に初めて会った方が「どこかで見たことがある」「誰かに似ている」という印象を持った話は、しばしば耳にします。政治家の大野伴睦《ばんぼく》さんや陶芸家の北大路魯山人《ろさんじん》さんの名を挙げた方もいらっしゃいました。

私には、写真で見た銅像の西郷さんとそっくりに思えましたした（着ているものは、はるかに上等でしたが……）。背こそそれほど高くはありませんが、胸板から腹回りにかけてぶ厚く、目と鼻は大きく、その顔との境が判然としないほど首は太く（「猪首切先《いくびぎっさき》」の刀剣用語で自らを形容されることもありました）、それまで一度も出会ったことのない堂々たる風貌の方でした。これは大変なところに来てしまった、というのが正直な気持ちでした。

雑用係の小僧を卒業

弟子になってからも、田舎者の私には何から何まで初めてのことで、戸惑うばかりです。しばらく後になって知ったのですが、本阿彌家の修業は「水汲《く》み三年、樋《ひ》研ぎ三年」などと言われ、この世界でも特に長くて厳しい徒弟修業が当たり前になっていました。水汲みどころか、修業とは名ばかりで、雑用に追われ細工場《さいくば》（本阿彌家では研ぎの仕事場をこう呼んでいました）にも入れてもらえない小僧の期間が長いのです。二、三年は辛抱して待つのが普通だったようです。私の場合も、初めに言いつけられたのは内庭の掃除と九官鳥の世話、それに毎朝の神棚の手入れでした。榊《さかき》を取り替え、燈明《とうみょう》を上げるのも、子供の背丈ではつらいものがありました。

手近にあった回転椅子を使ったのが間違いのもとでした。爪先立ちして神棚に榊を供えようとしたとき、椅子がグルグルッと回ってしまい、バランスを崩して転げ落ち、はずみで手首を捻挫してしまいました。入門早々この始末では先が思いやられ、暇を出されるかもしれないと心配もしましたが、ともかく仕事中のこととて、かろうじて首だけはつながりました。

けがも治り、相変わらずこまごまとした用事を言いつけられる毎日でしたが、少しずつ慣れて要領もわかってきました。ただ人と話すことは苦手で、つい田舎のべーべー言葉が出て兄弟子たちの失笑を買うことが続くと、余計無口になりました。九官鳥にまで先生の声色で「茂、茂……オハヨウ」などとやられるので、全く気がめいってしまいました。

あるとき、先輩の宮形武次さんに事務所に呼ばれました。そのころ宮形さんはまだ三〇歳ぐらいだったと思いますが、既に光盧《こうろ》の号を名乗っており、門下生の最右翼として内外とも先生の代わりを務めるほどでした。その見事な光頭も、若さを補って余りありました。

宮形さんは私に、「事務所の椅子が壊れてきて使い物にならない。お前にこれが直せるか」と聞くのです。私は試験をされているような気がして、つい「できます」と答えてしまいました。そのままの状態で釘を打ちつけたぐらいでは、すぐにも壊れてしまいそうです。そこで、許可を得て、一脚を犠牲にして使えそうな部品を寄せ集め、一つを何とか再生させました。

それから間もなく、細工場に入るように指示がありました。これは全く意外でした。おそらく、椅子の修理の一部始終を見ていた宮形さんが先生に進言してくださったのでしょう。雑用もろくにできないが、器用なところがある。研ぎを早く仕込んだ方がいいかもしれません、と――。

そうだとすれば、小さいときから物を作るのが大好きで、道具を使っていろいろないたずらをしていたことが、思わぬときに役立ったというわけです。一度は失敗した椅子で助けられ、早々に雑用係を卒業して、いよいよ研師修業が始まりました。

師より直接の指導を受ける

相変わらずの口下手でしたが、人間一つぐらいは人に劣らぬ長所があるはずだ、手先の器用さは自分の持ち味だから、これを生かして早く仕事を覚えることだと心に決め、黙々と修業に励みました。子供ながらも腹をくくると、兄弟子たちから笑われようと意地悪をされようと、動じなくなりました。

入門から二年ほどして、先生が細工場に入ってこられることになったのも、私にとっては幸いでした。「鑑定の頼みも来ないし、昔取った杵柄だが、こういうときは研ぎをしているのが一番気が休まる」と、およそ二〇年ぶりで本格的に仕事に向かわれたのです。世の中の不景気は光遜先生ほどの大鑑定家にさえ影響を及ぼし、不如意な日々が続いていたものでしょう。

光遜先生は鑑定家としてあまりに高名であったために、研ぎは実はできなかったのではないか、できたとしても上手ではなかったろうと言われることがあります。当時でさえ、一般には「本阿彌光遜は研師ではない」と信じられていましたし、日本刀研究会の機関誌『刀園』に先生が研いでいる写真が掲載されたところ、「芝居をするな」と投書があったくらいです。

決してそうではありません。光遜先生は、明治の中ごろから稀代《きたい》の名人と言われ、「成《なる》善《よし》さんの研ぎ」と一世を風靡《ふうび》した本阿彌琳雅《りんが》先生に一〇年間師事し、その片腕として下地研ぎを一手にこなしていた時期があります。

琳雅先生は根っからの職人気質の方で、仕事に関してはとにかく潔癖かつ厳格であり、入った弟子が三日と勤まらないほどだったそうです。弟子の研ぎが気に入らないと、「こんな下地で、仕上げができるか」と突き返すだけで、どこがどんな理由で悪いのか一切言われなかったと聞いています。その琳雅先生のもう一人の門人が「平井研ぎ」の平井千葉《ちば》先生です。平井先生が華麗な仕上げで新境地を開き、流行を興したのに対して、光遜先生の研ぎは琳雅先生の正統な「家研ぎ」を継承し、いささかのケレンもない絶妙の技でした。私は、光遜先生はやはり当代の名人の一人であり、特に下地研ぎでは群を抜いていたと思います。ご自身でも、あくまで研師であり、研ぎの裏付けがあって鑑定もできる、研師こそが自分の本業である、との固い信念を一貫して持っておられました。

そのような先生からたまたま、弟子のうちただ一人、直接に研磨の指導を受けることができたのでした。

既に六〇歳も近いというのに、先生はすこぶる壮健で、若い弟子たちをもしのぐほど活力にあふれていました。朝食が済むとすぐに細工場に入り、お昼まで全く休憩を取りません。昼食後もすぐに仕事にかかり、夕方まで少しも息を抜きません。それが毎日続くのです。弟子の方が参ってしまって、お客さまが来てくれないか、先生に出張の予定はないかと、心待ちにするような一面さえありました。

このころの習慣は後々まで抜けず、私もお昼休みというものを取ったことがありません。私自身、弟子たちから先生と同じようにうとましく思われることが、あるいはあったかもしれません。

夏の暑い期間は特に、弟子にとってつらいものでした。今日のように快適な仕事の環境になかったからというのでなく、少なくとも七月から九月までの三カ月間は先生がひたすら研磨に集中する時期なのです。お客さまも少ないときです。先生は出張にも、避暑旅行にも出かけようとはしません。

というのは、あろうことか、先生の最大の苦手は雷だったからです。出かけることをしないのは、いつ鳴るかわからない雷が怖いからなのです。空模様には人一倍敏感で、雷雲でも見つけようものなら居たたまれず、地下鉄やデパートの地下に避難することもしばしばでした。

仕事には厳しい方でした。関西地区の本阿彌会へ指導に行くのは毎月の通例でしたが、その折は必ず、研ぎ上げたお客さまの刀を持参したものです。弟子の研ぎを確認して、少しでも難点があれば直ちにやり直しです。仮に出張が翌日に迫っていてもお構いなしです。「こんなものを本阿彌の研ぎでございますと、わざわざ大阪・神戸まで納めにいけるか。コマ（細名倉《こまなぐら》）に返して内曇《うちぐもり》を引き直せ」と言われることぐらい、弟子にとってつらいことはありません。研ぎ直しを命じられた弟子は、それこそ徹夜をしてでもやり遂げなければなりませんでした。

そんな先生を恐れて、一〇人ほどいた細工場の弟子たちは誰もそばに行こうとしません。朝の挨拶に居室を訪れることさえ、一人ひとりには相当に勇気の要ることでした。結局、進んで先生の目の前で仕事をしようとしたのは、一番若輩の私だけでした。しばしば叱られもしましたが、ありがたいことに直接仕事を見てもらい、「茂、茂」とかわいがってもいただけたのです。

年末の本阿彌家

宗祇《そうぎ》の句に「本阿彌の研場の注連《しめ》や年の暮」というのがあります。

年の瀬も三十日になると、弟子たちは総がかりで細工場の大掃除をし、新しい注連縄を渡します。そこへ町内の鳶《とび》の頭《かしら》がやってきて、細工場の真ん中に研ぎだらいを伏せて仕立て箱を載せ、その上に大きな鏡餅を供えお飾りを置いてくれます。これが済むと、ようやく一年が終わり、新しい年を迎えられるという解放感に浸れたものです。

それまでの一カ月間、黒門町の細工場はまるで戦場のような慌ただしさが続くのです。毎年お盆前と師走の忙しさは決まっていましたが、師走はまた格別です。

なぜそうだったかというと、盆・暮れを支払いの区切りとする昔ながらの商習慣が残っていたせいもあるでしょう。正月は休みもあって仕事量も少なく、その割に物入りですから、年内納めの仕事で年越しの資金を手当てしておくのは、本阿彌家とて同じでした。それに、愛刀家の心理として、研ぎ上がった刀を心ゆくまで鑑賞することから新年を始めたいと思うのは当然のことです。

本阿彌家では年内に研磨を完了する見込みをつけると、遠方のお客さまには手紙を差し上げ、いついつ出来上がってお届けになるが、ついては料金いくらをお送り願いたい旨、手回しよく案内します。そうすると、次々に送金されてきます。近くのお取引先とも年内納めの約束が交わされます。そうすると、どんなに無理をしても約束通りやり遂げなくてはなりません。

その期間に研磨する刀は、およそ四、五十振もありましたでしょうか。十一月に入ると、内容を記入した便箋が細工場に張り出されます。研ぎの手順・程度、研磨台帳の番号、依頼者の氏名、刀銘、鎺・白鞘製作の有無などとともに進行状況が誰にでも一目でわかるようになっています。不平や弱音を漏らす弟子は一人もいません。無事に乗り切ることができれば、お小遣いをいただいて楽しい正月を過ごせるという期待もありましたが、高い目標を示されて、誰しも挑戦意欲をかきたてられたものです。

中名倉《ちゅうなぐら》まで終えたところで鎺・白鞘の製作を各職人さんにお願いします。職人さん回りは小僧の仕事でした。約束の日に伺ってもケロリと忘れていて、あらためて急ぎ仕事をお願いするようなこともありましたが、ほぼ十一月中には出来上がり、十二月に入るといよいよ師匠から「深夜《ふかよ》なべ令」が出ます。普段のペースと時間帯でやっていては到底やりおおせる仕事量ではないので、皆必死です。

まず弟弟子連中が、下地研ぎの最後の細名倉から内曇の作業にかかります。兄弟子たちはもっぱら仕上げ研ぎを担当します。場合によっては仕上げは分業で、刃取りなら刃取りだけを行う人もいました。

仕事が過重だと、手抜きがあったり雑な研ぎになったりするのではないかと思われるでしょう。事実は反対なのです。下地研ぎが丁寧に行われて砥石が存分に効いていないと、仕上げ研ぎに余分な手間がかかるばかりか、研ぎが映えません。後輩を厳しく監視するのも兄弟子の大事な仕事の一つで、こういうときこそ余計油断はできません。

もちろん、兄弟子たちも手抜きなどできません。最後に師匠から「コマに戻せ」などと言われるようでは責任問題です。

下地研ぎを担当する者としても、全体の進行を妨げないよう、そして少しでも多く役に立てるよう努めます。不注意から失敗をしてしまい、先輩の小言を頂戴するような愚は避けなくてはなりません。内曇砥の砥面《とづら》に出たハリ（石気）に気づかずに、ヒッキレが入ったりすると大変です。内曇は力いっぱいに引きますから、キズも大きいのです。前の工程に戻さないと取り切れません。

暮れ仕事は日限厳守で相当量をこなすわけですから、無駄な手戻りは絶対にやれません。細心の注意を払いながら、毎日真剣に取り組んでいきます。肉体的にも精神的にも大変つらいものでしたが、一方で自分の腕を磨く絶好の機会でもありました。暮れ仕事を経験するごとに技量が上がるのが自分でもわかり、自信につながっていきました。

「夜なべ」とは夜業（夜仕事）のことですが、夜遅くまで仕事をするので夜食を取ったことに由来する言葉だそうです。

午前九時ごろ一斉に仕事を開始し、昼食・夕食の小休憩を挟んで黙々と仕事は続きます。仕事仕舞いが夜中の二時、三時になるのは普通で、いよいよ押し詰まると二日ほど通しの徹夜作業になりました。「夜なべ」の言葉通り、夜食が唯一の楽しみの毎日でありました。

奥さまはこの時期遅くまで休まれず、お手伝いと一緒になって夜食を用意してくださいました。体が温まる煮込みうどんや、力がつくふかし芋、時には握り飯に沢庵漬を出していただき、深夜の細工場で空腹を満たしたことを思い出します。

鑑定や書き物を終えた先生が台所に立って、腕を振るわれることもありました。また、夜の散歩の途中の先生から電話が入り、間もなく、夜食用にと包みを持って帰られることがありました。中身はサンドイッチとかお寿司など、弟子にはめったに食べられない高級なものでしたが、ゆっくり味わう余裕もない状態でした。

午前三時ともなると若者たちは再び空腹を覚え、女衆が朝食用に用意したご飯に蟻のように群がり、大きなお櫃を空っぽにしてしまったことも一度ならずありました。

それを、お手伝いの一人が奥さまに言いつけたそうです。すると奥さまは、「みんな若いんだから、おなかも空くだろうよ。まして今は、遅くまで一生懸命やってくれているんだ。いいじゃないか。お前たちもお嫁に行って人さまを使うようになったら、そんなことは言っていられないよ。気を利かして用意しておいておやりよ」と、反対にたしなめられたとのことでした。

本阿彌家の台所を預かる女性の方々も、師走はそれぞれに大変だったと思います。

四〇年前の「私の夢」

今から四〇年近くも前のことになりますが、刀剣誌に「私の夢」と題して次のような一文を書いたことがあります。修業の身から逆に教える立場に変わって、それなりの決意を持って臨んでいたことが思い出されます。

目まぐるしく回転する世相の谷間にあるような刀剣社会ですが、それでも日々に盛んになってまいりましたことはまことに喜ばしい限りでございます。

それだけに、われわれ研師に課された責任もまた、大きいと思います。こと刀剣につきましては、保存上からも趣味鑑賞の上から考えましても、切っても切れない関係にある研師でありますから、各自が技術の向上に努力研究をすることは、もとよりわれわれにとって一生の問題でありますが、戦後低下したと言われた研磨技術も、今日では一応同志諸兄の努力と日本美術刀剣保存協会主催による研磨技術等研究会や同講習会などの業績によって、多大の進歩が刀剣界に認められましたことはご同慶の至りであります。

私が常日頃考えておりますことは、現代の研師諸君が精励もって自分の技術を磨くことも必要大切なことではございますが、将来の研磨界、次の時代を担う研師の後継者を養成することこそ最も必要であり、かつ大切なことだと思っております。いうまでもありませんが、日本刀が末永く文化財としてわが国の後々の時代へ残される以上、研師は必須の職業であるからであります。しかるに今の世相では研師の志望者が少なきこと暁天の星のごとく、研師の卵ともいうべき一〇代の若者は何人もなく、将来を思うとき、まことに心寂しい限りであります。

幸いに私の家には若い二人の門人があり、日夜技術の習得錬磨に精進しております。私はこの二人の門人に対してひそかなる希望の夢を抱いて指導を続けております。

一人は関西人、一人はチャキチャキの江戸っ子で、ともに本年二〇歳の成年になったばかり、すこぶる気持ちのよい若者であります。現代のような軽佻浮薄な世相をよそに、封建的とも思われる修業方法によってその業を成し遂げるということは、一つに本人たちの自覚と忍耐力を備えた錬磨が必要であり、また指導する私の立場もなかなか大変でございます。

私の夢は、近い将来この二人が立派に修業を終えて、一人は関西で、一人は東京で、一流中の一流研師として刀剣界に名声を博する日をこの目で見ることであります。

どうか愛刀家の皆様方におかれましても、私の夢の実現が一日も早く成りますよう声なき声でなく、声ある声をもって、なにとぞご声援をお願いする次第であります。

（昭和三十五年）

私自身、本阿彌家で教えていただいた技術を生活のよりどころとし、弟子を育て、今日に至りました。率直に申して、研磨のことと日本刀以外に、人さまにお伝えできることはありません。

つたない体験ですが、少しは参考になることを願って、以下に書き綴っていきたいと思います。

第二章　日本刀を研ぐ

日本刀を研ぐ

研磨の意義

「研磨」とは

「研磨」という言葉には、砥石《といし》ですって必要な個所を鋭くすること、光沢を出すこと、美しくすること、などの意味が含まれています。直接には、ものに対して働きかける行為を指しますが、転じて技芸などに精進することや、物事の理を究めることの意にも用いられています。

文字から見ると、「研」にはそもそも平らにするという意味があり、石の表面を平らにすることを指し、そうすると石とすり合ったものをも結果的に磨くことになります。「磨」はこする意の語源（摩）に由来し、石を使って対象物をこすり磨くことを指しています。つまり、砥石をもってすることが研ぎ磨くことであり、結果として鋭くさせたり、光沢や美しさを表すことになるというわけです。

本来の意味において、研磨の対象は刀剣や鏡などの金属器に限りません。古くは石器や木器、土器、骨角器などの道具や武具、それに玉《ぎょく》のような装身具に研磨が行われています。今日ではさまざまな研磨材があり、ほとんどの工業製品が何らかの研磨を経ていると言っても過言ではないでしょう。

金属器に対する最初の研磨は、おそらくはその用途に対してのみ忠実に成形と鋭利さを目指したものと思われます。器物の表面の光沢や材質の美しさを引き出す研磨は、しばらく時代が経過した後に、しかも特殊な目的を持つものに限って行われたものでしょう。

天然の岩石を石器や木器の研磨に用いたのと同様に、金属器にも試みながら、やがて用途に応じて研磨能力の高い砥石を経験的に獲得していきました。場合によっては、研磨材が必ずしも砥石だけではなかったかもしれません。

刀剣の研磨の特徴

刀剣の研磨も、初期は一般の金属器と異なるものではなかったでしょう。

鉄器が石器や木器、骨角器に比べて優れた機能を持っているのは、硬いこと、頑丈であること、自由に細工ができることなど、鉄が本来兼ね備えた特質に由来しています。鋳造や鍛造によって大小、厚薄、形状が意のままとなり、焼入れを施せば最も硬くなります。それは、青銅器にしても及ばないところでした。

しかし、いかに優秀な鉄器でも、研磨を経ないでは十分な機能は発揮しません。突き刺したり断ち切ったりするには、少なくとも局部的な研磨が必要になってきます。ここに、道具と武器とを問わず、刃物類の研磨の普遍的な意義があるわけです。

わが国に鉄器が伝来したのは紀元前三世紀ごろと言われ、これまでに発見された最古の鉄剣は弥生時代中期と言われています。その性格上、研磨の状況を知るのは不可能ですが、別にほぼ同時代と比定される砥石の出土品が現存し、刀剣類にも何らかの研磨のあったことを物語っています。

刀剣類の研磨は刃物類の中でも際立った特徴を持つものとして、今日に至っています。それは、一般の刃物があくまで道具であるのに対して、刀剣は武器として出発していること、また武器だけにとどまらず、神格化されて尊びあがめられたり精神的なよりどころとされたこと、時には一国にも相当する価値を持ち富と権力を象徴するものであったこと、特異な美術性が次第に注目されるところとなり、それは現代に至って美術工芸品と称される地位を確立したこと、などによっていると思われます。

わが国の伝統的な道具である鑿《のみ》や鉋《かんな》や包丁を見ても、研磨の領域はほとんど刃部に限られ、それ以外は製作時のままであっても差し支えありません。最近のナイフには一部趣味的なものも見受けられますが、それとて全体に鏡面的状態を得ることが目的の研磨です。しかも、物自体の持ち味よりも、形や外装の装飾性に傾いていく場合が多いようです。

これに対して刀剣は、中心《なかご》を除いて刀身全体に研磨を施すことが原則です。それも、鏡面的な平滑性を得るものではありません。砥石を換え、工程を重ねながら、肉置きを正しつつ刀身を構成するすべての稜線を決定し、地部、刃部および切先《きっさき》部、鎬地《しのぎじ》および棟《むね》の部分を、それぞれに異なった仕上がりとしていくわけです。

刀の持ち味を引き出す

一般の研磨が研削と琢磨の二つの要素で全体をとらえ得るのに対して、刀剣の研磨はそれだけではありません。専門的には、研削とは研磨された面も研磨くずも、ともに元の材質の組織が残っている場合、琢磨とはその両方とも元の組織が崩れている場合を指します。しかし刀剣を研磨するには、荒砥《あらと》といえども細目に分類される粒度であり、次第に微粉以上の粒度の砥石を用います。仕上げ研ぎに至っては別に砥汁を用意したり、複数の研磨材を使用したりもします。

用いる砥石の大半が天然のものでなくてはならないのも、例外的です。天然砥の採掘量は現在、ごく少ないにもかかわらず、一刀ごとに砥石の適性を吟味しなくてはならない工程もあります。しかも、研磨工程はいずれも簡単な道具類を用いるだけの手仕事です。

その結果、地刃に特有の変化が現れてきます。地鉄《じがね》には鍛え肌・地景《ちけい》・地沸《じにえ》・湯走《ゆばし》り・映《うつ》りなど、焼刃には沸匂《におい》・金筋・稲妻・砂流《すなが》しなどがあって、それらのいくつかが備わって初めて名刀となるわけです。冴えや潤いなどと表現する微妙な要素も、刀剣にはあります。研磨によってこれらを表すことができず、単に鏡面的にしか見えないとしたら、鑑賞の対象としては不満足なもので、また正確な鑑定もできません。

現代の研磨法が持ち味を十分に引き出した上で、地部に拭いを差して青黒くし、刃取りによって刃部を白く表し、棟と鎬地は磨きをかけて光沢を出し、切先にナルメという梨子《なし》地《じ》状の仕上げを施すのも、日本刀の美的調和をより高いところに求めていることにほかなりません。

研磨は創造ではなく、あくまで刀剣の持つものを表に発現させていく、いわば脇役的な作業です。しかし一方、古くから刀剣製作者自身も単なる機能性の追究のみに満足しなかったのと同様に、研師も一口の刀剣に秘められたものをより多く明瞭に表すことに、あくき努力を重ねてきました。

私たちの仕事はこれから先も変わりなく続いていく、また続いていかなくてはならないものだと思います。

砥石と道具

砥石の種類

刀剣の研磨に砥石は不可欠です。その工程を下地研ぎと仕上げ研ぎに二分しますと、下地研ぎの進行は角形砥石の性質の違いとそれに応じた研磨法で決まってくるし、仕上げ研ぎでもさまざまに工夫をこらした砥石による工程が多いものです。

砥石には、大きく分けると天然砥と人造砥があります。刀剣の研磨は、かつてはすべての工程を天然砥によっていましたが、良質の天然砥の払底と人造砥の品質向上から、人造砥の使用が大きく伸びています。粒度で見ると、天然の細名倉《こまなぐら》砥に相当するものも出現しています。前工程の砥石目を取るだけなら使えますが、地刃の美術的な仕上がりを考えるとまだまだ満足がいきません。内曇《うちぐもり》砥以上になると、微妙な効果の点において、天然砥に匹敵する人造砥の開発は難しいかもしれません。

ここでは、刀剣の研磨に用いる砥石をその粗細に従って挙げてみます。

荒砥　研磨の初期段階で用いる砥石類を荒砥と総称しています。成分である石粒が最も大きいもので、粘土を多く含み、かつ密着力の少ないものが刀身に効果的です。しかし、効果的であるということは、技術が未熟だと角を蹴ったり、刀を損ねたりする危険も伴います。新身《あらみ》（刀匠によって作られた状態のままの刀）の研磨や深錆を取る場合、また著しく姿を崩した刀の整形に限って用いるのが普通です。佐賀県や長崎県に産する松浦砥・笹口砥がこの砥質に該当し、これに次ぐものとして長崎県や和歌山県に産する大村砥があります。荒砥は現在、ほとんど人造砥で代用していると思われます。

金剛砥　金剛砥の名称は必ずしも一般的ではありませんが、刀剣の研磨では荒砥に代わる人造砥を金剛砥と呼んでいます。人造研削砥石一般について記しますと、砥粒品質の種類、砥粒の大きさ、砥粒を保持している強さの程度（結合度）、研削砥石の容積中に占める砥粒の割合（組織）、砥粒を保持している材料の種類（結合剤）の五要因の組み合わせによって、多様な目的に対応できるよう配慮されています。粒度は数字で示され、その数が大きいほど細やかです。ちなみに天然の松浦砥や笹口砥に相当するものは一二〇〜一八〇番、大村砥に代わるものが二二〇番、次いで備水《びんすい》砥四〇〇番前後、改正名倉砥六〇〇番前後、中名倉砥八〇〇〜一二〇〇番、細名倉砥一五〇〇〜二〇〇〇番となっています。数値としては内曇砥三〇〇〇〜五〇〇〇番、鳴滝《なるたき》砥四〇〇〇〜六〇〇〇番となりますが、工程が進んだ段階の刀剣研磨に耐える品質は現在のところ見当たりません。

伊予砥　愛媛県で産出します。福井県産の常見寺《じょうげんじ》砥が産出されなくなったために、これに代わって普及した砥石ですが、最近では伊予砥の品質も一定しません。代わって備水砥や天草砥（いずれも長崎県産）、あるいは人造砥を用いるようになっています。

改正名倉砥　かつては常見寺砥の砥石目が、中名倉砥で容易に除去できたので、この砥工程はありませんでした。良質の常見寺砥が産出されなくなり、また中名倉砥の充当範囲も以前ほどではないので、進行を円滑にさせる中間的な目的で明治の末年ごろから使われ始めたといいます。山形県に産します。

中名倉砥　名倉砥は愛知県に産出します。岩盤の間にある十数層のうち、刀剣用に適しているのが中名倉砥と細名倉砥です。中名倉砥にはしばしば針気があることと、締まりがないことが欠点で、かつてのような良質のものは出ていません。

細名倉砥　中名倉砥と同様の砥質ですが、一層きめが細かいものです。現在、刀剣用に適した細名倉砥はほとんど産出せず、将来が危惧される砥石の一つです。

内曇砥　京都府に産します。下地研ぎの最後の砥石で、その質は最も細やかです。軟らかめのものを刃砥として、硬めのものを地砥として使用します。また、仕上げ研ぎの刃取りやナルメに用いる刃艶《はづや》も、内曇砥のうち、軟らかめの砥質を選んで素材としています。

鳴滝砥　仕上げ研ぎの地艶は、この鳴滝砥の木端《こっぱ》から取ります。一般に剃刀《かみそり》砥と呼ばれる砥石の中でも特に良質のところを一括して、刀剣研磨の世界では鳴滝砥と呼んでいます。

最も硬く、最もきめが細かいものです。かつて京都府の鳴滝付近に産出したことに由来する名称と思われます。

なお、差し込み研ぎの拭いの成分に、対馬《つしま》砥を粉末にして用いることがあります。その名の通り長崎県対馬に産出します。

研磨の道具類

研磨には、ごく簡単なものですが、独特の道具類を用います。その多くは既製品でなく、木工関係者の協力を得ながら、本人の使い勝手や研磨する刀剣に合わせて作り上げるものです。「道具作りも仕事のうち」と言われるゆえんです。

下地研ぎの基本の道具類は次ページの図に見るものです。

打ち粉は刀剣の手入れになくてはならないもので、市販されてもいますが、研師の作る製品が最も純粋で刀剣のためにも最適です。すなわち、内曇砥という砥石をすり下ろして下刃艶・刃取り・ナルメに使う艶《つや》砥《ど》を作る際、水に溶けた細かい砥粒を淘《よな》いで、さらし布数枚を重ねてこし、液を煮詰めて微粉末にします。これを青梅綿・吉野紙・絹布で包み、タンポ形に糸で結んだものが打ち粉です。

下段の角型砥石は右から金剛砥・伊予砥・改正名倉砥・中名倉砥・細名倉砥・内曇刃砥・内曇地砥。上段は砥面を正すための表すりで、順に笹口砥・大村砥・伊予砥・対馬砥・内曇砥

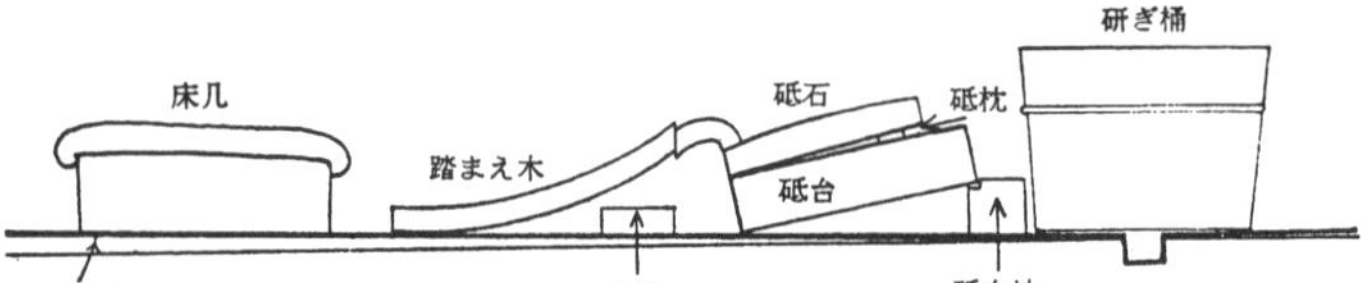

下地研ぎの道具の配置

下地研ぎの構え

刀剣研磨だけの構え

角型砥石に刀身を当てて行う下地研ぎの構え（姿勢）は、独特のものです。これは長い間踏襲されてきており、最も合理的な形であると言われています。計器類を用いることなく、寸分の狂いもない刀姿に研ぎ上げていく最大の根拠は、正しい構えにあります。自己流の構えでは決して正しい下地研ぎはできず、砥石に向かったら自然に完璧な構えを取るようになることが、研磨上達の秘訣でもあります。

構えが合理的であるためには、次のような下地研ぎの条件を満たしていなければなりません。

① 研ぎ桶から床几《しょうぎ》までの道具類の配置と、研師の位置の関係が、仕事の進行にとって最も適切であること。
② そのうち、砥面には最も力が加わるような相互の位置にあること。
③ 砥石は研磨中常に固定し、必要があれば交換も自由にできること。
④ 研師の体の状態は安定して、一定の連続する動作に耐えられること。

⑤　前後および斜めの方向に往復する動作、複雑に組み合わさった運動が自由に行えること。

⑥　いかに力が加わっている状態でも、重心のすべてが砥面に接する刀身にあるのではなく、万が一砥面に異常があったりしたら直ちに動作が中断できること。

良い研磨は正しい構えから

次に、具体的な構えについて見てみましょう。

まず、体が砥石の真正面に向かうよう床几に腰を掛け、左膝を折ります。その膝頭は左前方に出し、左足の親指を反らして第二指とともに踏まえ木に当てます。次に右膝も折り、かかとと土踏まずの中間辺りを踏まえ木に掛け、足の先で爪木《つまぎ》を踏みます。右膝頭は立て、刀を持って上身を前傾したときに右腋《わき》の下、または右肩の付け根付近に来るようにします。

刀を砥石に当て、実際に研ぎ始める際に、床几にどっかと尻が落ち着いてしまっては仕事になりません。体重が床几にかかるため、足に力が入らず、従って砥台と砥石は安定せず、思うような前傾姿勢にはならないために、遠くから腕だけを伸ばして研ぐような不安定な姿勢になってしまいます。

尻はほとんど浮くような状態で、右方は床几から外れ、体重が自然に踏まえ木に集中するのが理想です。この難しい構えを体得させるために、かつては修業中は床几と尻の間に添え木を置いていたようですが、これは単なる添え木の役割しか果たしていませんでした。床几は名前の通りの椅子ではなく、卵を置いて研磨に当たらせたほどです。膝を折り、踏まえ木に足を置いて体を支える様子は、あたかも鳥が木の枝に止まっているようだと言う人もいます。

自由な動作が行えるためには、構え自体はできるだけ小さくします。右手でしっかり刀身をつかみ、左手は軽く添える程度で、左右の腕を大きく動かすのです。

しかし、決して腕力で研磨するわけではありません。体全体を使って研がなくてはなりません。そのためには踏まえ木にかかる右足と左の膝頭の二点が支点になり、体は振り子のように前後に自然に動く必要があります。しかも、両肩は水平に保たれなくてはなりません。この状態が、正しい砥面に加えて、刀を研磨するもう一つの定規《じょうぎ》です。

背が丸くなっていたり、頭が下がりすぎたりすると、円滑で、かつ律動的な前後運動ができなくなり、いわゆる手だけで研ぐ状態に陥ります。左手に力が入ってしまうと、定規であるはずの状態に狂いが生じ、刀姿が決まらなかったり、刀身が反りなりに当たらなくなったり、研ぎ目が不規則になってかぶったり、ひいては理想的な肉置きにならないといったことになります。また、条件が整っていなければ、長時間仕事を続けることが肉体的に著しく困難になってくるものです。

下地研ぎの技法

研磨する刀の状態によって下地研ぎの最初の工程は異なりますが、仮に新身を研ぐ場合の工程の進行を砥石名で表すと、金剛砥、伊予砥（または代用としての備水砥）、改正名倉砥、中名倉砥、細名倉砥、内曇刃砥、内曇地砥の順になります。粒度のより細やかな砥石へと工程を重ねるのは、一つは能率のためであり、さらには日本刀の持ち味を最大限に引き出すためです。

下地とは文字通り素地であり、その意味からすれば下地研ぎとは姿形を整えるものですが、現代の研磨ではそれだけにとどまりません。かつては目的がより正確な姿の修整にありましたが、今日ではその上で一層入念に研ぐことが成果につながるとしています。特に細名倉砥や内曇砥にかける手間は昔日の比ではありません。そのことが、研磨の水準を大きく引き上げた最大の要因であると称しても、過言ではないでしょう。

荒砥による研磨

金剛砥をはじめとする荒砥を用いるのは新身や、著しく深錆のあるもの、形状を大きく変える必要のあるものに限られます。通常の錆身なら伊予砥からが無難であり、刀の状態によっては改正名倉砥を最初とすることもないわけではありません。いずれを第一工程とする場合でも、方法は同じです。しかし、荒砥は伊予砥より砥石目が粗い分だけ細かいムラは見えにくく、完璧な姿作りは難しいものです。荒砥で完璧を期そうとすると、必要以上に刀を減らす危険も伴うので、伊予砥の段階で姿を決めることが普通です。

伊予砥（備水砥）による研磨

伊予砥による研磨の目的は、錆を除去し、形を整え、刃をつけることにあります。以後の工程では、伊予砥で作った形と肉置きを保ちながら、次第に砥石目を細かくしつつより精緻な形状を目指すことになります。

まず最初に、著しい刃ムラや刃こぼれを取る必要がありますが、時にはそのことによって逆に欠点を露呈する場合もあるので、取り切らずにおく勇気も持たなくてはなりません。

次に庵《いおり》の線を決めます。庵が通るのは、おろしという二つの面を正確に同じ傾斜に研いだ結果、点として一致し、それが元から先まで自然な反りとしてつながることを示しています。研師はこれを手の感覚だけで正確に決めます。おろしは砥石に対して右下がりの斜め（筋違《すじかい》）に当て、右手で刀身を裂帛《さいで》ごとしっかりつかみ、左手は軽く添える程度にして、前方に押し出すように研ぎます。押すときに力を入れ、引くときには力を抜いています。表裏の元先を便宜的に四分割に研ぐことになるわけですが、良く研げたものは、表裏とも同方向のきれいな筋違の砥石目になります。

次いで鎬地《しのぎじ》にかかります。やはり砥石に筋違に当て、前方へ真っすぐに押し研ぎします。おろしと鎬地は真っ平らに研がれなくてはなりません。

庵がきちんと通って正しい棟《むね》ができ、鎬地の研磨を終えると、重《かさ》ねも決まります。これらが以後の平地と切先部の研磨の、いわば定規の役割を果たすわけです。地ムラがあれば、鎬地を正しく研いだときに、必ず鎬や小鎬が自然な線になってこないから、一目でわかります。

その後、平地の切り研ぎに移ります。切り研ぎとは、砥石に対して刀身を真横に置き、正確に砥石の方向に沿って往復させる方法です。先に鎬地を研いだ際に、地ムラが鎬のゆがみとして認められましたが、地ムラを直すことによって当然鎬も決まってきます。つまり、鎬は目的ではなく、結果として正しく立つのです。

伊予砥による平地の研磨は必ずしも切りだけに限らず、流派によって筋違に研いだり、やや筋違にする方法もあります。

最後に切先を研磨します。まず刃をつけ、次に小鎬の形を決め、その後に肉置きを整えます。そうすれば自然に横手《よこて》も立ってきます。平地と同様に、砥石の当て方は切りです。刀身は砥石の右側とし、その中ほどに裂帛を巻き、右手でしっかりつかみ、左手は横手下辺りを押さえるようにします。この場合、棟先と同じく、砥石への当たり具合を調節し往復運動を担うのは左手で、右手はほとんど固定させたまま安定した状態を保つようにしています。

改正名倉砥による研磨

伊予砥のときの順序と同じく棟・鎬地・平地と当てていきますが、原則として切先部分には当てません。これはきわめて研磨力のある砥石であるために肉を減らしてしまう危険も伴い、また次の中名倉砥を丁寧に行えば完全に伊予砥の砥石目が取り切れるためです。砥石を当てる角度は平地のみ、前工程と変えます。つまり、筋違として、砥石の効き具合が一目で確認できるようにするのです。

刀身を筋違に当てる際に、シャクる動作が入るのもこの工程の特徴です。右腕に力を込め、勢いをつけて左前方に突き出すようにすると、刀身の先端は軽く持ち上がります。この往復の繰り返しがシャクリ研ぎです。ただ、次の中名倉砥ほどにはシャクリは強くありません。

中名倉砥による研磨

初め改正名倉砥の砥石目を抜くために、棟・鎬地・平地とも大筋違に研ぎます。改正名倉砥の砥石目がほぼ取れてきたら、次に同じ砥石で当て方を変えて研ぎます。すなわち、砥石上に置く刀身の角度は同じく筋違で、むしろ前よりも緩やかですが、これまで必ず砥石の方向に沿って前後に刀身を動かしてきたのに対し、ここでは刀身の方向に縦に研ぎます。これを一般に、「タツを突く」と称しています。

一突きの長さは普通一二センチ前後ですが、シャクリを加えると各部が砥石に当たる際に最も抵抗を増します。それだけに正確に手を決めてかからねばならず、針気のありがちな中名倉砥は砥面の管理も徹底しないと、無用のヒッキレを生じさせてしまいます。なお、刀によってはタツを突く際にシャクリを加えてはならないこともあります。

また、次の細名倉砥も中名倉砥の縦研ぎと同様であるところから、ここでは縦研ぎと大筋違の中間の砥石目に突く工夫をしている例も見受けられます。

細名倉砥による研磨

見たところ中名倉砥によるものとほとんど変わりがありませんが、下地研ぎの文字通りの意味で最終工程とも言える細名倉砥は、手間としてはむしろ中名倉砥の一部を割いてでもこちらに回すくらいの入念さが必要です。タツを突く研磨法もほぼ同様です。ただし、一突きの長さは七〜八センチぐらいにとどめ、より丁寧に砥石目を抜き、砥石を効かせなければなりません。

昔は荒砥から常見寺砥を経て中名倉砥に移り、筋違に研いだあとタツを突き、細名倉砥は簡単に済ませるのが定法とされていました。これは、良質の砥石があったために多くの種類を用いなくても十分な効果が上がったこと、特に中名倉砥は細名倉砥の領域をもカバーできるほどであったこと、今日ほど仕上げに重きを置かなかったこと、などが理由として考えられます。

現在でも、ごく一部には早い工程でタツを突く例が見られますが、研磨効果の高い砥石が得られない状況では時間の短縮のみをねらいとする行き方で、決して賛成できません。

内曇砥による研磨

内曇砥の工程は、砥質の違いから二段階に分かれます。初めに用いるのが刃砥で、次が地砥です。普通、刃砥は軟らかめの砥質を選び、地砥は硬めです。反対に、硬めの内曇砥を刃砥として使うと反発し合って滑り、効きが悪く、地に軟らかい砥石を使うとベットリして肌が起きてきません。しかし、硬軟はあくまで相対的なもので、刀によっても適性は

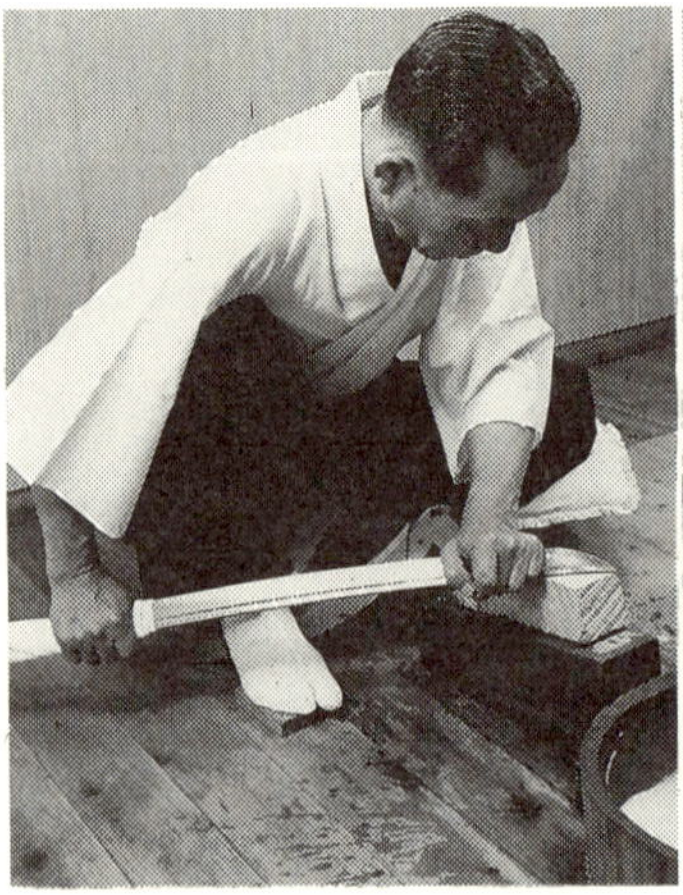

棟先を筋違に当てて研ぐ
(伊予砥)

棟を筋違に当てて前後に研ぐ
(伊予砥)

平地を切りに当てて研ぐ
(伊予砥)

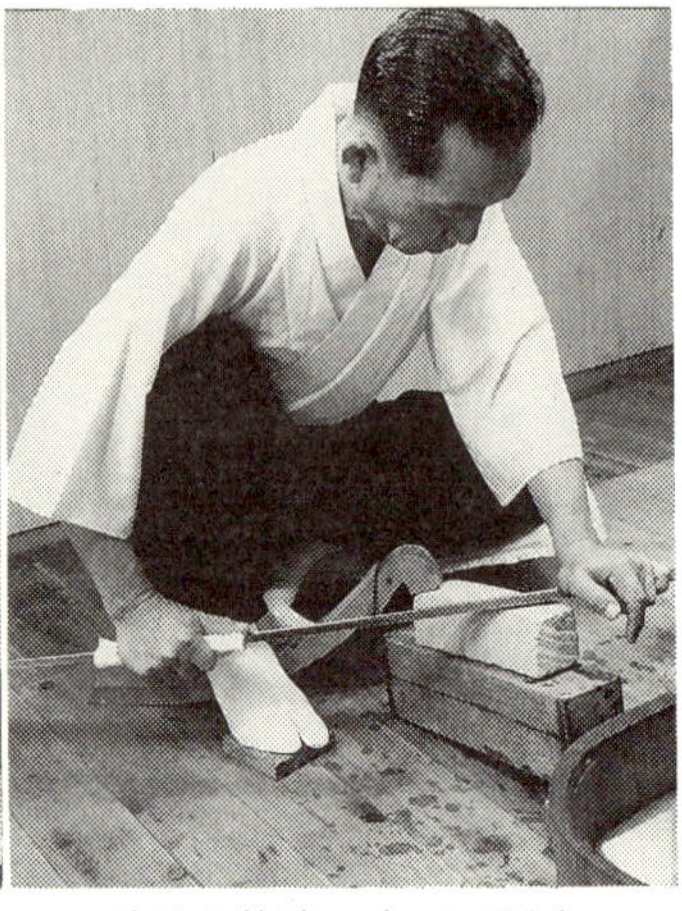

鎬地を筋違に当てて研ぐ
(伊予砥)

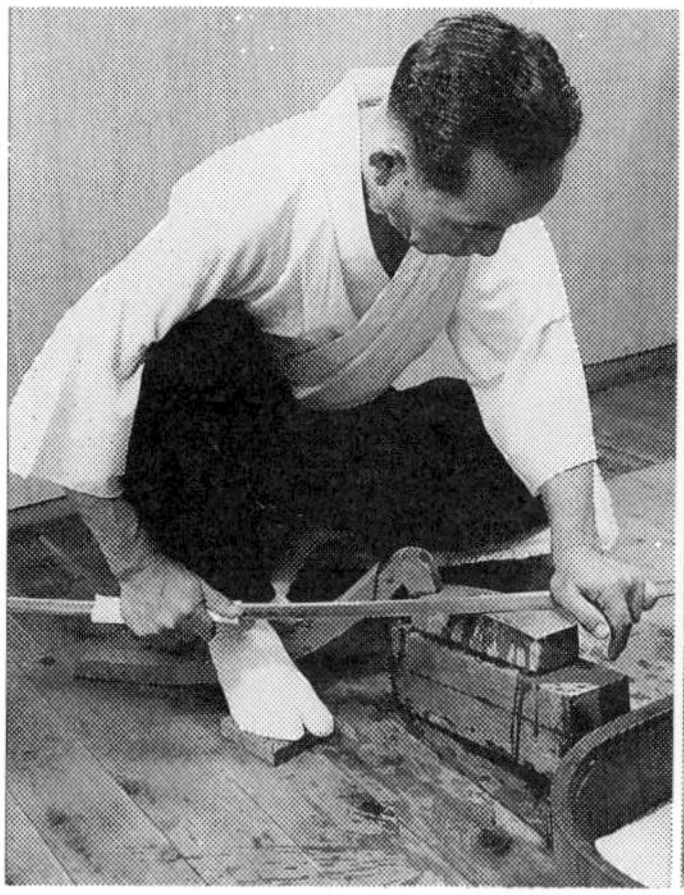

平地を筋違に当てて研ぐ
（改正名倉砥）

棟を筋違に当てて研ぐ
（改正名倉砥）

異なります。特に地砥は、刀の地肌と硬度に合わせて、あらかじめ多くの種類を用意しておく必要があります。適切な砥石を選んで使いこなすのは、研師の技量の一部と言えるでしょう。

内曇砥による研磨法は、これまでと違って引く力を主とするのが特徴です。砥石の上に置く角度や動きの方向は名倉砥とほぼ同様ですが、シャクリは一切加えず、右腕の引きに力を込めていっぱいに長く引きます。少しでも手が狂うと、破綻は大きいものです。刃先・棟角・鎬などを蹴ってヒッキレが生じると、細名倉砥へ返さなくてはなりませんから、大胆な仕事の中にも細心さが要求されます。また、絶対にヒケが入らないよう、研ぎ水を清浄にし、道具類も管理しなくてはなりません。

刃砥で細名倉砥の砥石目が抜け、さらに地刃全体に効いたら、次は地砥です。この順序は平地、鎬地、棟と引き、棟先に限っては返りの部分に効くよう刃砥をかけます。

かつては鎬地と棟に限って内曇砥ではなく、一層硬質の鳴滝砥を用いて引いたといいます。これは現在のように優秀な磨き棒が得られなかったために、下地に念を入れておかないと磨きが完璧を期せなかった理由からと聞きますが、特別な砥質ですから引き方も難しく、ヒケもつきやすいものです。現在使用しているような鳴滝砥をもってしてはきわめて困難です。

最後は切先部です。ここにも刃砥を用い、ほかの工程と同様に切りに研ぎます。細名倉砥の砥石目を取り去り、横手・小鎬・三《み》つ頭《がしら》・刃先が整って肉置きもムラなく決まってくれば、下地研ぎは完了です。

仕上げ研ぎの技法

これまでは、次第に細かい砥石目としつつ形も精緻にし、砥石を効かせることで最終的には地刃の持ち味も引き出す下地研ぎについて見てきました。続く仕上げ研ぎの目的は、下地研ぎで表した地鉄をより細やかに美しくし、地刃を調和の取れた色調に整え、一部に半鏡面的光沢を施すなど、あくまで鑑賞に耐えるものへと完成させることにあります。

その順序を大まかにみると、下刃艶、地艶、拭い、刃取り、磨き、横手筋切り・ナルメで、下地研ぎが砥石を換えることで工程を進め、研ぐことに基本的に変わりがないのに対して、仕上げでは道具もやり方も工程ごとにきわめて変化に富んでいます。それぞれに高度な技術が要求されるものであり、昔から秘伝や口伝が多く、明らかにされてこなかった工程です。

下刃艶

仕上げ研ぎで刀身に当てる砥石は、下地研ぎのときのような角形のものではありません。同じ砥質を選ぶときでもごく小さく薄く加工し、各工程特有の形状に作り上げておきます。

これらは特にツヤ（艶または光沢の文字を当てている）と呼ばれ、用いる刀身の部分とその目的によって下刃艶・地艶・刃取り艶などと呼ばれているものです。

下刃艶は、比較的軟らかい内曇砥の木端《こっぱ》を選んで加工します。薄く割ったものを荒砥ですって一ミリ以下の厚さまで持っていき、生漆《きうるし》を使って吉野紙で裏打ちします。これを張り艶と言います。漆が乾いたら一～一・五センチの正方形に切りそろえ、さらに〇・五ミリぐらいの薄さにして数枚用意しておきます。これを実際にかけるに当たっては、焼刃を中心にしてアク水を引き、その上にあらかじめ作っておいた内曇砥の砥汁を置き、刃艶を親指の腹の先で押し滑らすようにしてこすっていきます。

刃艶をかけるのは、内曇砥の細かい砥石目をならして、焼刃部分を一層細かい梨子地状にするためです。焼刃によっても違いますが、片面で二、三枚の刃艶を使います。

地　艶

砥石でもって行う地鉄の研磨の最終工程に当たるのが地艶です。すなわち、内曇砥の砥石目を取り去り、肌模様・地沸・地景など地鉄の一切を引き出すという目的があり、仕上げ研ぎの中で最も重要な工程と言って過言ではありません。

地艶に用いる砥石は鳴滝砥です。これを小割りしたものを薄くすって滑らかにし、指の上で砕いて一粒の大きさを一ミリ以下として使用します。地鉄部分にはアク水を引き、この地艶の粒々を親指の腹でうまくまとめながらかけていくのです。これを「砕き地艶」と言います。このほかに、刃砥と同様に吉野砥で裏打ちし、その上で縦横に切り込みを入れて使う「張り地艶」があります。砕き地艶と張り地艶のいずれを使うかは、研師の流派によっても、また用いる個所によっても異なります。

拭い

研磨でいうところの拭いとは、一般的な意味と異なり、地鉄を黒くし光沢を出す作業です。拭いを施すことを「差す」とか「入れる」とか言うことから、あたかも着色のように考える向きもありますが、決してそうではありません。特殊な研磨材料を調合し、一種の琢磨作業をすると見てよいでしょう。

その主成分は鉄肌《かなはだ》（酸化鉄）であり、各物質を適量ずつ加えたら、これに丁子油を注いで緩やかに溶き、和紙でこしておきます。それを刀身に一定の間隔で置き、青梅綿を使って軽く親指の腹で押さえる気持ちで拭い込んでいくのです。

旧来は差し込み研ぎという方法が広く行われていましたが、現代の研磨法の主流は何と言っても鉄肌拭いを差し、その後、刃取りを行うものです（「化粧研ぎ」とも言われる）。

その結果、地は青黒く、刃は真っ白に、対照的美観を生みます。

刃取り

総体に拭いを差すと、焼刃も黒く染まってしまいます。そのために仕上げ直しの意味で、刃文に倣って刃艶砥で白くしていく作業をします。これを刃取り、あるいは「刃を拾う」と言い、下刃艶をかける作業と区別して「後刃取り」と呼ぶこともあります。

刃取り艶は下刃艶と同様ですが、用途に応じて小判形に作ります。これを焼刃にかけ、いずれの方向からの光に対しても等しく乱反射して真っ白に見えるよう、梨子地化していくわけです。刃取りの構成は必ずしも刃文通りに行うべきものではなく、また現実に不可能な場合も多いものです。全体の特徴を念頭に置き、調和を考えながら進めていきます。

いずれにしても、刃取りは最も目につくところであり、その巧拙が刀の品位に大きな影響を及ぼします。原則さえ誤らなければ、研師の創造性が発揮し得る工程であると言えましょう。

磨き

刃取りのあとの工程は、流派によって多少の違いが見られます。磨きを先にするか、横手の筋切りとナルメを直ちに行ってしまうかが、それです。それによって棟先の化粧磨き（流し）も最後に行うか、磨きの一連の作業として行うかの違いが生じてきます。今日では前者が一般的であると思われます。

磨きとは、磨き棒を用いて鎬地と棟の鍛え肌をある状態にまでつぶし、鏡面的光沢を得る作業です。磨き棒は超硬質合金製で、長さ一五センチほどの細く丸い棒の形をしています。先端は用途に合わせて円錐形に尖っています。この出現は戦後であり、その結果、順序・方法・能率も大いに異なってきました。磨きを行うに当たっては、巻き紙で刀身を保護し、一定の範囲ごとに進めていきます。この作業はあくまでムラなく磨き、地刃と一つの対照を作ることが目的なだけに、単調で根気を要する仕事です。

鎺《はばき》元と棟先には磨き棒で「流し」と呼ばれる線を描き入れるために、磨いていないところや梨子地の面とはちょうど互い違いに縞模様をなして見えます。これを行うにも、定規などは一切用いません。ここで狂いを生じたりすると、下地研ぎまで返さなくては消えません。

棟先の流しの数は、庵を挟んで両側にそれぞれ三本ずつです。鎺元の流しの数は、流派や研師によって異なり一定していません（本阿彌家では九本か一一本の奇数）。かつては研師の一種のサインの役割を果たしたものでした。

ナルメ

語源は明らかでありませんが、江戸時代から研磨の言葉として記されており、今日ではナルメは純然たる研磨用語になっています。それは、切先部分の仕上げという意味を表し

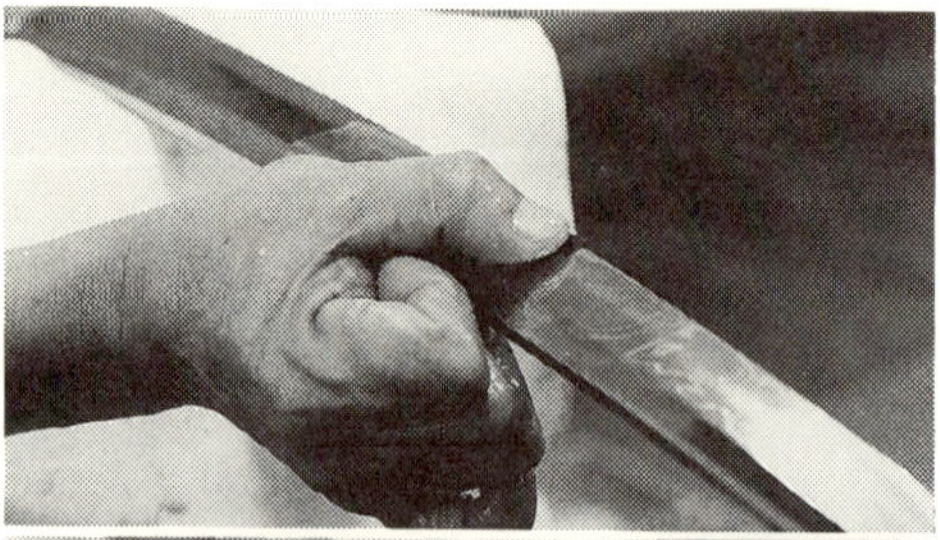
下刃艶

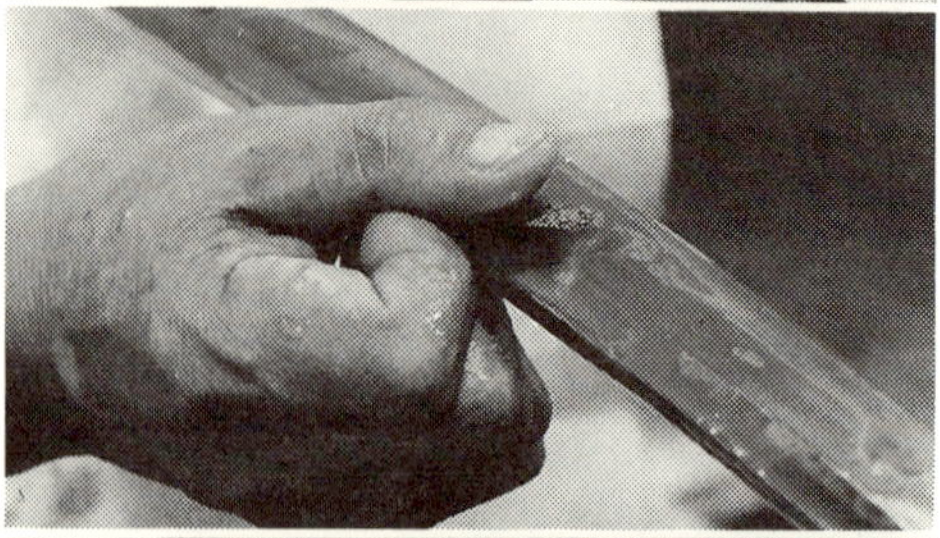
地　艶

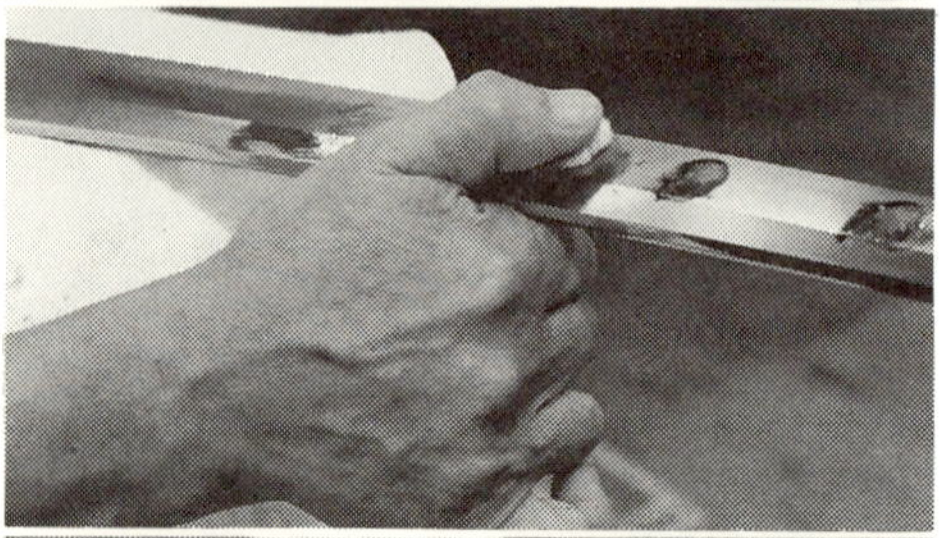
拭　い

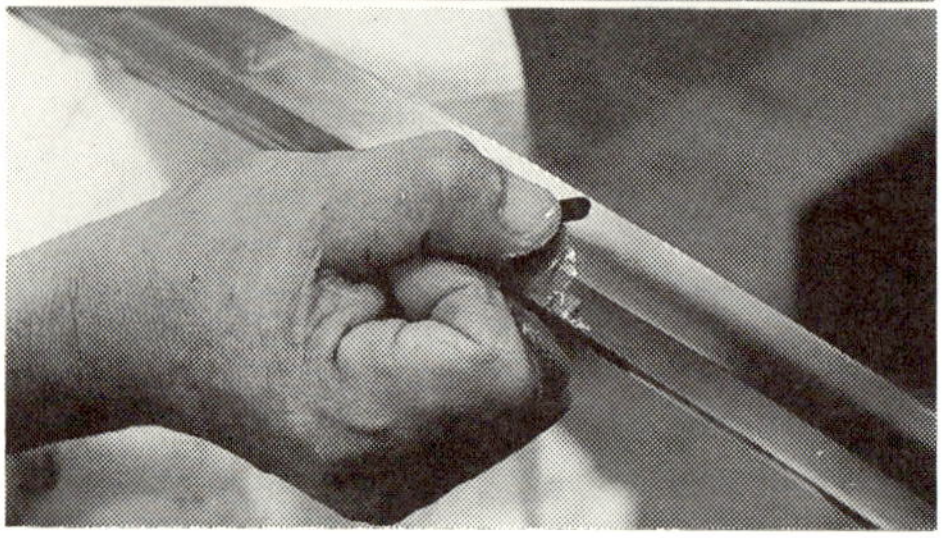
刃取り

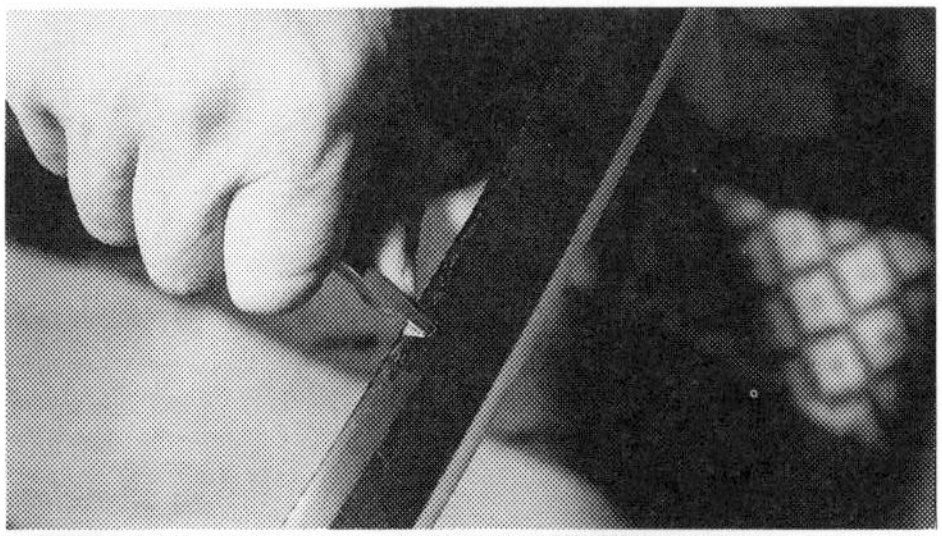

鎬地の磨き

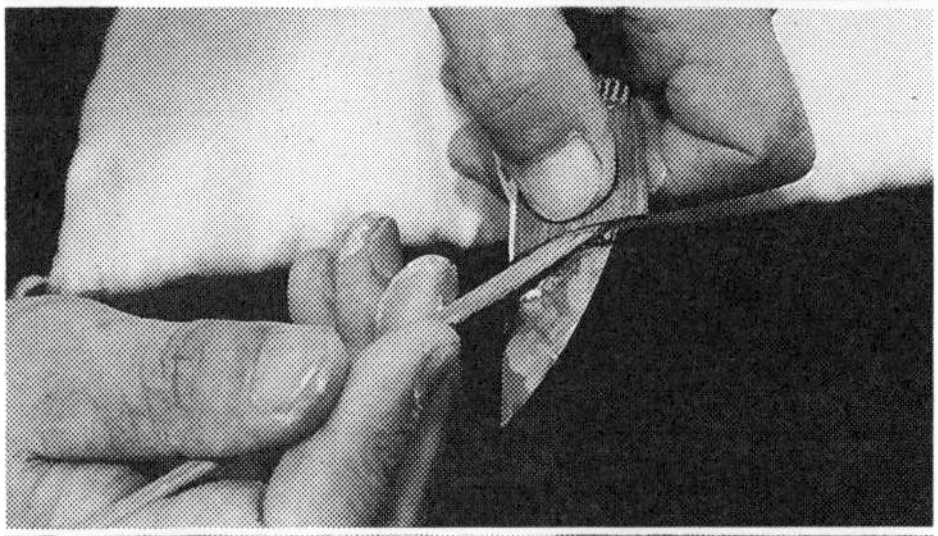

横手の筋切り

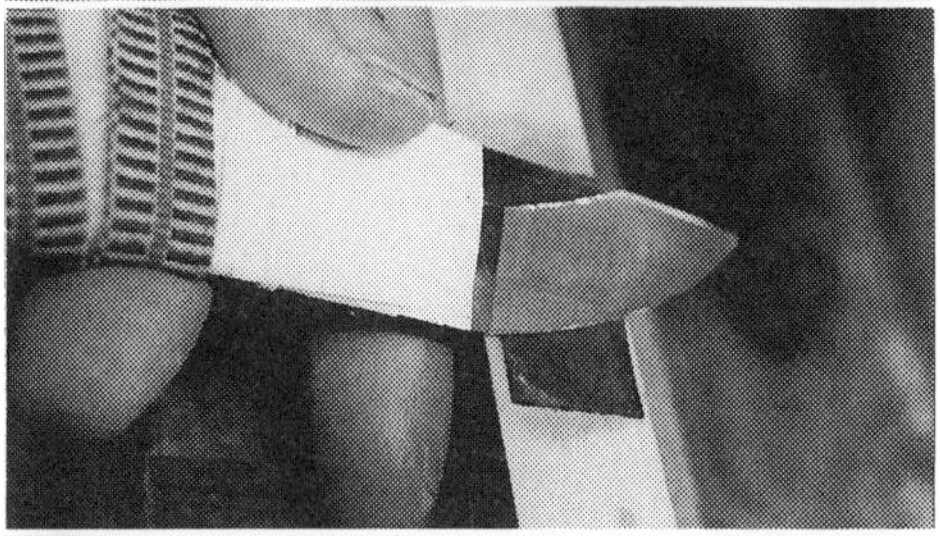

ナルメ

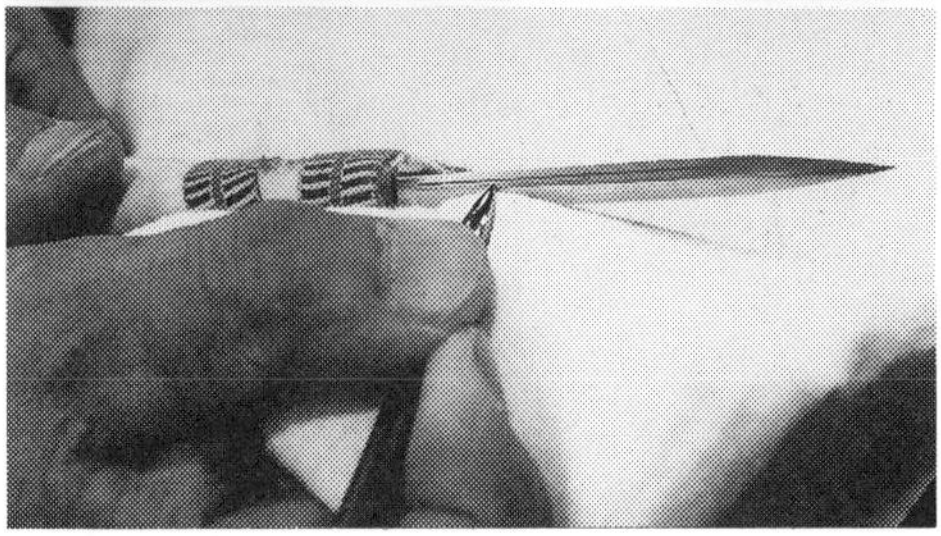

棟先の化粧磨き

ています。

ここではまず、横手の筋切りを行います。当て竹を横手位置で固定し、竹ベラで小さな刃艶砥を動かし、切先部分と平地に一線を画します。しかし、この作業で横手筋を新たに作り出したり、肉置きを変えたりできるわけではありません。調和を考えて線をそろえるだけにすぎないのです。

ナルメは仕上げ研ぎの工程中唯一、下地研ぎの場合とほぼ同様に、研ぎ桶・砥台・砥台枕・踏まえ木・爪木・床几などを配置しておきます。ただし、砥台の上に踏まえ木で固定されているのは角形砥石でなく、ナルメ台です。ナルメ台はその半ばまで横に櫛目が入っており、板の厚さと隙間の幅によって弾力や当たりの硬軟が考慮されています。その上に奉書紙か美濃紙を数枚重ねて水で張りつけ、軟らかめの内曇砥から得たナルメ艶を置きます。砥汁をたっぷり使い、切先を切りに当てて丁寧に前後に動かしていくと、その効果は刃取りと同様に梨子地になって現れます。棟先は巻き紙を外し、予定した化粧磨きの止めの位置に則して、縦に当てていきます。

その後、棟先の梨子地の部分に磨き棒で所定の流しを入れたら、一振の刀の研磨は完了です。

第三章　研磨の見方　その一

本阿彌光遜師・杉本光寛氏と著者（右）
（昭和28年夏、日本橋浜町・本阿彌家）

砥石と研師

「こんな上質の石は今後二度と出ませんよ、これは買いものです」

砥石屋さんにこんな同じ言葉を繰り返されて、私も、私の知る限りの研師さんたちも、常に何丁かの砥石を買い求めております。私がこの道に入門して以来、この言葉は続いております。今日ではその砥石屋さんの商売言葉が、単なる商売言葉でなしに、どうやら本当になるのではないかと思われる情勢です。

それでも、いまだに後から後から持ってきますので、何となく安心感を抱いておりますが、今日売りに持ってくる砥石の質の良否となりますと、昔とでは格段の差があるのは争えない事実です。これが大きな問題で、砥石屋さんが後から後から売りに持ち込んできても、それがみんな質の悪い砥石であれば、これは品物がないのと結果は同じです。どんなに優れた技術を持った研師でも、研磨材料の砥石が悪くては陸に上がった河童《かっぱ》も同然で、その技術を思う存分発揮することはできません。

「良い研ぎ」というものは、技術と、材料と、研磨する刀剣が名刀であること――この三拍子がそろいませんと、本当に良い研磨は成り立ちません。いくら名刀でも、技術の劣った研師が研いでは良くなりませんし、また腕の良い研師でも質の悪い砥石を使って研いだのでは問題になりません。

良質の砥石を鑑別するということは研師の技術の中の一つであり、幼少のころから教え込まれて覚えているのですが、最近のように悪質砥が多いと、鑑別する技術が役に立たないほどです。

我田引水ではないつもりですが、今日一流研師諸兄の技術の面を見ますと、昔の有名研師の方々より技量が劣っているとは決して思われません。しかしながら、いまだに現代研師は昔の名研師、例えば平井千葉先生のような方の域に達していないというのが刀剣界の世評のようです。それには、技術の面ばかりでなく、昔日のような良質の砥石が現代にはないということも、大きな原因となっていることを最近つくづく考えさせられます。

われわれ研師は技術面の向上を図るのはもとより、あらゆる方法と力を尽くし、何とかして良質の砥石を獲得しなくてはなりませんが、それぱかりに没頭してもいられない情勢になってきました。どうしても良質の砥石が手に入らないなら、何かそれに代わるべき代用砥によって試し研ぎをしてみるなり、または内曇の良質砥と同様な効果を得られる合成砥の試作を研磨材料業の方々に依頼してみるなり、何とか砥石難の解決に向かって努力することも、現代研師の義務だと考えます。

砥石ばかりではありません。美術刀剣をあくまでも美しく研ぐためには、磨き棒とか拭いとかの研磨材料の面に至るまでも、われわれはもっともっと研究の歩を進めてゆかなければならないと考えます。実際に、同じ技量の研師でも使用する材料によって、出来上がった研磨状態に格段の差が生じてくるのです。

昔は打ち下ろし新身や、大錆び朽ち刀を研ぐ最初の砥石は荒砥という分子の粗い砥石を使用していたのですが、現代では荒砥に代わる砥石としてカーボランダム（人造砥）を使用しています。

初めのころは、金剛砥を使う研師は軍刀研ぎだとの悪評を受けましたが、現在では研師はほとんど全員使用しているでしょう。硬度の強弱、分子の粗密、種類は非常に多く、使い様によっては非常に良質な文明の「利砥」です。

かつて形を整え、錆を落とし、刃をつけるには、「常見寺《じょうげんじ》」という良質の砥石を使っていたそうです（そのほかにもいろいろ良質な砥石があったらしい）。これらの砥石はわれわれの時代にはもはや産出されなくなっており、私は使用した経験がありません。

常見寺に代わるものとして、伊予から産出される伊予砥（白砥）を使いました。常見寺の代用ではありましたが、われわれの修業中にはこの伊予砥も非常に良質でして、異なった硬度のものを三種類くらいそろえ、分子の細かい硬度の強いもので刃を引いたり、鎬地を平らに押したり、切先の肉を整えたりし、分子のやや粗い軟らかめの砥石で平肉を整え錆を落としたりしたものです。現在ではそのような贅沢《ぜいたく》な使用法は、それこそ昔の夢で、良質の伊予砥を手に入れること自体が非常に困難です。そろそろこの伊予砥の代用品を探さなくてはならないでしょう。

不良質の伊予砥を使いますと、その中に硬い異分子がたくさん混じっていて、刀身につく一定の砥石目の中にこの硬い異分子の当たった部分だけ、鑢《やすり》で引っ掻いたような、錐《きり》の先で突いたような砥目ができます。

こうした砥石を使えば、研師がせっかく苦労してムラを取り、肉置きを整えたものも、ところどころに鑢目のように深く入ってしまった砥目を取り去るために、再度やり直すことになります。下手をするとムラを作り肉を落とす結果になってしまい、労力も非常な無駄となるわけであります。

「必要は発明の母」と言いますが、研師の苦労や仕事上の必要の中から、良質の研磨材料が何とか生まれてきてほしいものです。

（昭和三十五年）

彫刻と研磨の苦心

私が十八、九歳の少年で、到底研磨らしいものもできなかったころに研磨し、私にとっては懐かしい思い出のある島津家伝来の肥前国忠吉の刀に再び巡り合う機会を得ました。それは『忠吉考』の第八図に掲載されてあり、竹梅の彫刻が表裏物打ち辺まで誠に見事に刻まれた初代五字の傑作品で、昔からおそらく同作中随一のものと目されていますので、ご存じの方もあろうかと思います。

このお刀は旧幕時代、鹿児島の仁礼家より島津家に献上になり、昭和三年（一九二八）に同家の入札で売り立てられ、師匠が落札して日魯漁業の重役の檀野礼助という方に納まり、松平大和守様から出た同作同彫刻の忠吉の脇指と一緒になり、昭和六年に師匠と故斎藤栄寛氏との合作により、これに金無垢《むく》三所の大変に結構な大小拵が付いたのです。

そして今度、長崎の矢上に引き込まれた檀野さんのご遺族の方から、師匠が二十何年ぶりかで引き出されて、

「なあ茂、この忠吉はおそらく忠吉一世一代の精魂を傾けて鍛刀したものだろう。表裏の彫刻は宗長が忠吉の力作に劣らぬ心願で、思い切りの技量のあらん限りを振るい、梅と

竹を刻んでいる。その気迫が脈々と感じられるし、地鉄の良さといい、刃文の見事さといい、全く申し分ない。殊に彫刻の見事さは天下一品、感服のほかない傑作中の傑作だよ。一つお前の最高の技量を振るって研いでみないか」

と申されたのです。

私もかつて研磨をした関係上、その当時の記憶をたどりながら、十数年ぶりで細かく拝見しました。その昔は彫刻の代表作として鑑定会の材料になり、自身彫りか他人彫りかの区別、彫刻の時代別などの標本に盛んに各方面に出品され、そのために刀身にだいぶ拭いビケや横ずれなどが目立ったので、簡単に仕立て直しをしたのでした。それゆえ、しっかりした下地をしたわけではなく、鎬《しのぎ》はよれよれで全く問題にならず、また平の肉置きも十分ではなく、刃先に丸く肉が付いてしまっています。私も入門三、四年、まだこんな名刀を扱う腕前でもないときに臆面もなく、よくも研いだものだと、今さらながら背筋に寒気を催した次第です。

そして師匠から、「こんな研磨では駄目だ。鎬の通りと肉置きがなってない。思う存分腕を振るって良くしてみな」と言われ、師匠の監督の下に私が研磨をすることになりました。新たな喜びを感じるとともに、心の中で「こりゃまた、苦労の種が一つ増えたわい」と、何かチクリチクリ刺されるような気がしてきました。

それと言うのは、普通の本造りの刀身や平造りの短刀などを研磨するときにも相当の苦心が伴うのに、いわんや彫刻のあるものは、肉置きを正すのに苦心に苦心を重ねるものでして、俗に研師泣かせと言い、一番嫌うものだからです。殊にこの忠吉は一般の彫刻とは違い、鎺元《はばきもと》の方にだけ彫られているのではなくて刀身いっぱいに刻まれており、しかもその彫刻が浅く、普通の研ぎ方であれば、彫刻の頭に砥石がすっかり当たってしまうことになり、彫刻を全く壊してしまうことになります。これほどに難しい彫刻の刀もちょっと類がありません。

師匠にこんな風にしていろいろと注意を受け、私自身としては細心の注意を払って研磨したその方法、経過をご報告申し上げ、何かのご参考に供していただきたく、またそんなに難しいものなのかとわかってもいただきたいと思います。

まず研磨をする以前の状態を説明しますと、前述のように刃肉が付きすぎていることで、地の肉が全然ないように見え、嵩高な品格が感じられませんでした。次に彫刻の周囲の肉が急に落ち、せっかくの名彫の良さが浮き上がって見えません。その上、鎬筋がムラになり、切先の肉もむやみに付きすぎ、小鎬が上がってしまってガッチリとした感じに乏しく、何か先の方が力が抜けて弱く見えるのです。また、研師万人の癖と言われますが、刃区《はまち》から二、三寸上のところがへこみ（心なく研いでいると自然にへこんでしまうもので、「研ぎだまり」とも言う)、透かして見ると非常にムラに見えます。

最初にこの刃ムラを除去し、大局から見た姿、格好を整えました。次に棟《むね》を筋違《すじかい》に平らに研ぎ、鎬地も同様にピタリと研ぎました。この棟と鎬地はあくまでもピタリとするのが良く、いささかの肉もあってはならないのです。ところが、この忠吉の刀は彫刻があるため、しっかりと握った手がちょっとでも狂うと、彫りの周りを蹴ってしまい、あるいはへこんでしまったり、丸みを帯びてしまうので、非常に苦労しました。また彫刻を減らさないように心掛けるのですが、往々にして砥石が当たってしまうことになります。

さて次に、私たちが最も重点を置く鎬筋から刃先までの肉置きの問題があります。時代的に肉置きが変化してくることはもちろん意識して、それを崩さないようにしなければなりません。さらに、刀匠個人個人の肉置きの違いもあり、焼刃の硬いもの、軟らかいもの、地鉄の特に軟らかいものなどは、無意識のうちに思いもよらない肉置きになってしまうので、常にこの点に心を配らなければなりません。

彫刻があるときでも、その時代にふさわしい肉置きを保っていかなければなりませんが、彫刻という空間がある関係で、どうしてもその周囲に特別に力が強く加わり、肉を落としてしまう結果となるのです。前にも申し上げましたように、この忠吉は刃肉が付きすぎているので、刃の中のみは大筋違《おおすじかい》にして刃肉を適当に除去し、次に切り(真横に研ぐこと)

に研いで、順次こんもりと優しい肉を付けていきました。自然に肉が直ると同時に、鎬筋のムラもなくなり、鎬はリンと立ち、すっきりとした姿となり、ようやく伊予砥研ぎが完了しました。

なお、忠吉もそうですが、古刀の来一派のもの、備中の青江物などは皮鉄《かわがね》が薄く、芯鉄《しんがね》が出やすいと古来言われております。むやみに研ぎ込んでいきますと、とんだ結果となりますので、この点は特に注意を払いました。

次に伊予砥の砥石目を抜くために、改正名倉砥にかけます。普通は筋違に、右手から左手の方へしゃくり上げるように研ぎます。この方法だと仕事が非常に早く進むのです。ところが、彫刻のあるこの忠吉をしゃくって研げば、砥石の角が彫刻の周囲に強く当たることとなり、蹴る結果となりますので、絶対に従来の方法では研げません。少しもしゃくることなく、細かく研いでいかなければなりません。非常に時間を要する、全くの根気仕事で、注意に注意を払いつつ気長にする以外に方法がありません。

ようやくこのようにして改正名倉砥の工程が終わったころ、大阪から再修業に来ています後輩の杉本光寛君から「こんなに難しい仕事をすると、大いに勉強になりますから、ぜひこの後の下地研ぎを私にやらせていただけないでしょうか」と申し出があり、師匠の許しを得て、名倉砥、細名倉砥、内曇砥の三つを彼に与えたのでした。この間、光寛君も手慣れない仕事ゆえに小言を言われながらも、全く寝食を忘れてやり通しまして、その苦心も並大抵ではなかったようでした。この苦闘が報われましたか、このお刀をやり遂げた後は、彼の下地研ぎの腕も一段と上がったように思われます。

いよいよ最後のお化粧とも言うべき仕上げ研ぎになります。ここで現在の仕上げ研ぎがどんな傾向であるかと言いますと、戦前は、地鉄を各刀匠の持ち味以上に肌立てて見せる、すなわち地鉄の底の方からワクワクと浮き立ってくるかのような感じに見せる、時には華やかさを通り越してどぎついまでの研磨が行われていましたが、最近はこのような方法が影をひそめ、一変して地鉄の底を沈め、しっとりと落ち着いた感じを持たせ、見るからに上品な仕上げにすることが流行してきたようです。

これは戦前の荒立った気持ちが消えて、真の平和を求める人の心が、美術品としての刀剣の研磨の上にも反映しているかのようです。すなわち、落ち着いた肌合いで刃中が透き通るように美しく見え、刀匠の個性が十分に生かされるのが真の研磨なのです。最近の研磨法を湯上がりの美人に例えるならば、戦前のある一時代のそれは、戦後に発生したあの毒々しい口紅のパンパン嬢のお化粧のようだと言うことができると思います。

仕上げ研ぎの一番の苦心は、何と言っても地鉄のこなし方と刃取りです。地光沢《じづや》の使用法には特に注意し、透かして見たときに彫刻の周囲が白く映りのようにならないように、特によく使いました。地光沢の角で地鉄にキズをつけてしまうこともありがちで、粗雑に行うと非常に汚く感じるものです。ちょうど鏡に塵《ちり》がかかり、それをざっと拭ったような感じに目に映るのです。それをそのまま仕上げてしまうと曇った空のごとく、何か地鉄の表面が一皮かぶっているように見え、秋空の澄み切ったように、しかも明るい感じにはなかなかなりません。こんな意味で、地光沢にも大変な苦労がありました。

刃取り、鎬地の磨き、切先のナルメなどは、普通の彫刻のないものと大差ありませんが、やはり非常な名作ですと研師としても自然に入念になります。これらの仕事をしている間にも、せっかく美しく仕上げた地鉄をキズつけては何にもなりませんから、やはり細心の注意が必要です。きれいに細かく仕上げられれば、それだけまたキズもつきやすいというわけです。

このようにしてようやくこの傑作を完全に研ぎ上げたのですが、その間、すべての工程において数倍の手間を要したのでした。

研師というものは、人知れずこんな風に苦心をするものです。彫刻のある刀身の研磨がいかに難しいかということの一端をおわかり願えれば、何よりです。

（昭和二十八年）

研磨の良しあし

研磨を知るということ

研磨の運命というものはしょせん、はかないものです。研師が一振の刀に精魂を傾けて研いだとしても、錆が生じたり、あるいはその後の手入れが悪くキズをつけたり、曇りを生じさせたりすると、次の研師によって研ぎ直されてしまい、それ以前の研磨は完全に消されてしまうものです。従って刀匠の作品のごとく、またそれに付随する拵《こしらえ》のための小道具・鞘・鍘などのように、何十年何百年の後世まで技量・名声を残すこともありません。研師の仕事は全く縁の下の力持ち的存在にすぎないと言えましょう。

しかしながら、刀匠がいかに錬りに錬って鍛え上げた作品であったとしても、いかに名人の刀匠の技量といえども、現在のごとく美術的に鑑賞される場合、はかない仕事ではありますが、これを業とする研師の手によって研ぎ上げられなければ、見る人の目に美しく映ってはこず、名刀たるの状態を現せないのです。

刀に対しては最も重大な役割の一部を果たしていながら、一般の愛刀家の方々は案外に研師の存在、研磨の善悪に無関心であり、愛刀を手にされてその姿、地鉄・刃文の出来、中心《なかご》、銘などを鑑賞され、鑑定されることが多いようです。

昔から、研磨のわからない人は真の鑑定家たり得ないと言われております。研磨の良さによって、名刀がこの世にどのくらい増えているかわかりません。

すなわち、研磨というものは作品そのものの実質を変化させることはできませんが、その良しあしで、上作物が上作に見えず、下作が大変な上作に見えたりするといったことが起きています。見る人の目をごまかすと言えば語弊があるかもしれませんが、ある程度の錯覚を起こさせることができると言っても過言ではないと思います。

ここに一振の刀があって、これを名人の研師が念入りに研磨したとします。その刀の持つ本来の技量以上に見る人の目に映じさせ、半面、その刀の持つ欠点は見られないように研ぎ上げられると、一見して見事な出来栄えだ、誠に結構な刀であると、脳裏に刻み込んでしまいます。その後は「アバタもエクボ」とやら、長い間その作品の良さのみが印象づけられるのです。

また反対に、相当な名品であったとしても、下手な研師が研磨すると、最も大切な肉置きも、全般にわたる姿、格好においても、その持ち前の形を崩してしまい、名刀然とした感じがピンと浮かんではこないものです。

そこで研磨の良しあしを知ることは、刀匠自身の作品の掟・特徴を把握することとともにに、鑑賞または鑑定の上に非常に大切なことであると言えましょう。

刀屋さんにしたところで、この刀は研げばどの程度良くなるものかということがわかれば、より一層の掘り出しも、品定めもできるというものです。

同時に、研磨によってその作品が左右され、良くも見えれば、悪くも見えるので、研磨の鑑別ができなければ刀を真に知ることも難しいのです。

もちろん、刀剣に対してはいろいろの方面から研究されなければならないものであることは当然であり、学者あり、研究家あり、歴史家ありが結構なことであり、必要なことでもあります。さらに中心の錆とか、銘字の変遷などに至る細かいところまで検討されなければなりません。

しかし、刀剣に携わるあらゆる人々がなお一段研磨を理解していただいたら、より真なる研究ができると思われる節がときどきあります。換言すれば、研磨の善悪を見分けることが刀を見る前提条件となってくると言っても過言ではないでしょう。

下地研ぎの要所

元来刀剣の研磨というものは、下地研ぎと仕上げ研ぎの二種に分けることができます。このいずれもが非常な熟練を要し、大切なものであることはもちろんですが、私はむしろ前者、すなわち下地研ぎこそその研師の根幹をなす、より重要な過程であると思っています。研磨の生命はこの下地研ぎにあり、言い換えれば、もし下地研ぎが悪かったならば、どんなに仕上げ研ぎを工夫しても、絶対に良い出来栄えに仕上げることはできません。

そもそも、研磨の目的とは一体何でしょうか。

このことを考えますと、その答えは昔と今とでは当然違ってきているのに気づきます。製作された刀剣が実際に使用されたころ、その目的は当然武器でした。それゆえ、その当時の研磨は美しく見せるというよりも、「折れず、曲がらず、よく切れる」の三要素中、殊によく切れる、切らせるということに重点が置かれたのでした。このためには肉置きが整えられなければならないし、刃も十分についていなければなりません。そこで、下地研ぎが非常に厳格であったはずです。

ところが明治以降は、刀剣を使用するということに目的が置かれたことは戦争のとき以外にはなく、殊に名刀は美しく眺める、すなわち鑑賞ということに重点が置かれたのでした。そこで、実際に美しく眺めてもらう上でも大切な下地研ぎをおろそかにして、仕上げ研ぎのみに力を注ぐような傾向が、ややもすれば現れてきたのでした。このような意味で、下地研ぎの堕落ということが考えられます。ところが、後にご理解いただけると思いますが、刀剣本来の姿を忘れてはいかにうまくお化粧をしたとしても、到底素晴らしい研磨ができるわけがありません。

今日の一般の研師の方々は、明治以後の傾向をそのまま受け継いでいるわけでもないでしょうが、あるいは他のいろいろな理由からか、大切な下地研ぎに対してほとんど重きを置かず、もっぱら仕上げ研ぎのみに力を注いでいるようで、そもそもの根本が忘れられているような気がしてなりません。

私の師匠は平十郎師、琳雅師と続いた本阿彌研ぎの主流を受け継がれたのですが、琳雅師のお弟子であったころ、下地研ぎを殊のほか修業され、下地研ぎの稀な名人となられました。師匠の下地でないと、琳雅先生は喜んで仕上げをなさらなかったといいます。それだけに、私ども門弟に対しても下地は殊に厳格で、少しの刃ムラ、肉置きのよれ、刃先の蹴り、小鎬の形状、切先の肉置きの不具合など、全くよくもこれほど気付かれると思うほどやかましく、おろそかにしておくと大変なお目玉を頂戴します。

こう言うと、下地研ぎのみが大切で、仕上げ研ぎはどうでもよいのかと思われるかもしれませんが、決してそうではありません。刀剣史上にも明らかな通り、古い時代から武器としての刀とともに、見て楽しむという美術的観点に立っての見方も相応に認められ、発達していたわけでして、下地研ぎのみではなく、刃文・地鉄などの出来状態がいかに良いか、いかに良く見せるかということに苦心した仕上げ研ぎも重要視されていたとは思います。しかし仕上げ研ぎに関しては、今日の方法はかつてとは相当の相違があり、ある意味においては昔より長足の進歩を遂げており、将来なお前進することは確実です。

研磨というものは今日、美しく眺めるという点以外に、古くから伝承した国家のお宝を愛刀家の皆さまとともに永久に保存する上においても、必要欠くべからざる重大な役割を果たしているものです。研師はまた、今日まで多くの人々がその時代時代に大切に保持してきた偉大な努力を受けて、より一層美しく伝承することもできれば、腕の足りないばかりに、名刀をいっぺんにとんだ鈍刀にしてしまうこともあり得ます。

先日、博物館の二階で相州物名作展があり、私も喜んで拝見しました。その中に、昔から有名この上もない、同作中随一と定評のある貞宗の脇指が研ぎ直されて出ており、貞宗独特のあの精美な地鉄が壊されてとんだ下作のように研がれてしまっているのを見て、思わず涙が出るような気がしました。また新刀中の横綱格とも思われる国広の大名作が、一変して古刀に見えるようになっていて、その刀の前の研磨、故平井千葉師の名研磨を思い併せますと、それこそ沙汰の限りと言わなければならないと思いました。

何人《なんぴと》が研がれたかは存じませんが、いかに概念上の相違とはいえ、それこそ古名作に対する冒瀆《ぼうとく》であると言わなければなりません。菊岡光行が自らの技量を省みて、名工宗珉の彫りかけの二王目貫を仕上げるのを肯《がえ》んじなかったという美談が金工界に残されていますが、われわれ研師も古名刀の名研磨を研ぎ直す場合には、相当の決心をもって臨むべきではないでしょうか。少なくとも私は、そう思っております。

ところで、幸いにして名品は昔から各大名家、由緒のある家においては大切に手入れされ、多くのお刀係が奉仕して守ってこられました。錆が生じたような場合には、その形を崩さず、なるべく良い研師を選んで取り去っていたのです。

これらの大切にされてきた刀剣は、大正末から今日に至る世相の移り変わりとともに世に出てきて、殊に終戦後はこの傾向が著しく、昔では到底拝見できなかったような刀剣まで相当自由に手に取れるようになりました。私たちも今日この職にあって、愛刀家の皆さまとともにこのことは非常に幸福だと感謝しているところです。

ところが、この幸福感に慣れてしまうのあまり、その取り扱い作法があまりにもぞんざいな方が残念ながら見受けられます。

研師としても、刀匠に負けまいとしてあらん限りの技量を振り絞って研いでいるわけで、心を込め、それぞれの作品に対して相応の研磨をしております。昔、刀匠と研師の関係は義太夫の三味線弾きと太夫のようなものだと言われた方がありましたが、誠に至言でありました。太夫がいかに一生懸命語っても、幽玄な三味線の伴奏がなかったら、喜怒哀楽をあれほど端的に表現することはできないのであって、三味線が上手であればあるほど太夫の語りも当然引き立ちます。研師も、あくまでこの上手な三味線弾きを目指さなくてはならないと思います。

かくのごとく懸命に研いだものを見たり眺めたりするときに、机の上の塵《ちり》も払わずにじかに置く方や、また刀を拭う拭い紙も吟味せず、まるで大根か菜っ葉でも洗うように、拭うのではなくゴシゴシこする方や、打ち粉をかけるにしてもハタキをかけるように、バタバタと刀身の表面を所かまわず打ちかける方など、往々にして見受けます。これでは私たち研師はもちろんのこと、所蔵者が見られても、さぞやハラハラと心持ちを悪くされることと思います。

こんな取り扱いでは、毛筋ほどのキズもなく研ぎ上げてある作品は当然、またどんな研磨であっても、ちょうど映画のフィルムが何度も映写されたために縦キズが生じ、雨のようにチラチラと画面一面に映り、ぼやけてとても見にくいのと同じような結果になってしまいます。そうして、いかに研師が苦心したせっかくの研磨であっても、台なしになってしまうのです。

本論に戻って、下地研ぎの一番大切な姿、刃ムラ、地ムラから申し述べます。

まず刀匠が最も苦心をするのは、おそらく鍛錬に際して元から先に至る間、少しのムラもなく作り上げることであり、焼刃においても、沸、匂、刃文の構成などを少しもムラなく一定の硬さで焼き入れることであろうと思います。言うは誠に易いのですが、実はこれが非常に難しいことで、殊に元に比べて火の上がりやすい切先の中の焼刃、すなわち帽子などは一番困難な作業のように想像されます。

また姿、格好にしてもその時代時代の需要に応じて異なるものですが、それでも必ず刀匠個々の手癖というか、独自の姿、格好があるところを見ると、この点にも刀匠は並々ならぬ苦心をしたことでしょう。

このようなことが完全にできる刀匠が、名人と言われるべき人たちです。

下地研ぎにおいてもこれと全く同様でして、刀匠の作り出した作品を地ムラ・刃ムラもなく、その姿、格好、さらに肉置きを少しも崩さず研げれば、満点です。しかし、口ではそう言えても、実際にはそう簡単に手が動きません。そこに、この過程の良しあしがあるのです。

第一図が良い下地研ぎで、第二図が悪い下地研ぎと言われます。下手な研ぎというものは、必ずこのような状態になっています。

これは、一般研師の通例で、左右の手の均衡が取れていないために生じる欠点で、この

第二図のような研磨が作品の品格を落としてしまい、生中心《うぶなかご》の作品であれば元の踏ん張りをなくし、あるいは横手から切先へかけての力をなくしてしまうのです。

また、中間に刃ムラがあると、そこは必ず地ムラになっているものです。試みに刀の切先の方に布か紙を巻きつけ、中心の方を上方に向けて逆に刃方を透かして見ると、刃区から一、二寸ほどのところのへこみはどなたにも判然とおわかりになります。研磨をする刀の一〇振のうち九振までがこのような状態になっていると考えて差し支えありません。

次に、姿が時代相によって変わることは前にも述べた通りですが、その中にも刀匠個人の形があると同時に、おのおのの地方によっても異なることを注意しなければなりません。研磨に際しましては、その形を完全に保持しなければならないのです。すなわち、備前物の腰反りを山城風の華表反《とりい》りにしてしまってはとんだことになってしまうし、第二図のような悪い研磨をすると、これを直した場合に形を極端に崩すことになります。

次に切先のことを申し上げます。第三図が良い状態で、第四図の状態が悪い研磨の例です。この第四図は小鎬が上がってしまっていて、このように研いでは全くとてつもない切先となり、猪首切先の場合などは殊に見られたものではありません。

また大切先の場合にも、第五図のように横手の線の角度、俗に三つ角と言いますが、図のように下がってしまうといかにもベロンとした感じがし、南北朝時代の戦乱に大きな役割を演じてきた豪壮な大太刀の姿とは、全く似ても似つかない弱々しいものとなってしまいます。

第六図のような切先の研磨状態が最も悪い研ぎ方であり、研師の最大の恥としなければなりません。姿形がなっていません。何と言っても、研磨の過程で一番難しいのがこの切先です。そして、切先の研ぎ方いかんによって研師の腕が大体わかると言われています。

次に、鎬地と鎬筋についてですが、鎬地はご承知のように真っ平らなところであり、少しも肉があってはなりません。透かして見た場合、元から小鎬の先まで全くの平面でムラがなく、ピタリとしているのが良いのであって、鎬筋寄りと棟寄りに丸みを帯びるのが一番悪いこととされています。

また、鎬幅は必ず元から切先に至る間、刃方と棟方とが平行して順次狭くなるのですが、物打ち辺から切先の間の鎬幅が第七図の点線のように急に狭くなっているものとか、また逆に急に広くなっているものとかは悪い研ぎ方です。研磨の癖として物打ち辺から上を研ぐ場合、下の方が長くなるため力が平均せず、均衡を失って鎬幅を狭くしてしまいがちです。

このようなところへの配慮が、いわゆる本阿彌研磨の急所と言えます。

さて、最後に残った問題が、一番重大な肉置きのことについてです。

研磨には前述のような諸条件ももちろん大切なのですが、形によってその刀の製作された時代を的確に知っても、その時代時代の肉置きがこれに伴わなければ何もなりません。平安時代にはそれらしい肉が付き、鎌倉時代にはそのころの歴史を物語る肉置きがあり、南北朝時代の肉置きは当時の戦術・風俗を雄弁に物語っております。それゆえ、研師はその時代の肉置きというものを十分に知っていなければなりません。

私が黒門町へ入門したごく初めのころのことでした。先輩に岩永さんという非常に腕の立つ下地研ぎの名手がおりましたが、鹿児島のある方の鎌倉一文字助真の刀で、例の蛤《はまぐり》刃《ば》になった、刃肉の付いた刀を研いだときであったと思います。師匠に注意されていたことを忘れ、粗い砥石でその刃肉をすっかり取り去ってしまい、わざわざ鎌倉初期ごろのコンモリした肉置きに苦心して直して師匠に見せたのでした。

これを見たときの師匠のご機嫌は、全く一天にわかにかき曇りというもので、岩永さんは踏まえ木でポカリと一つやられ、「何事だ！」ということで、肉置きの説明をコンコンとされました。しかし、その後、師匠がこの刀の下地研ぎをされてすっかり元通りの蛤刃に直してしまわれたので、これには細工場の猛者《もさ》連中一同も舌を巻いたのでした。どうして落とした肉を再び付けたのか、全く不思議なことでした。

岩永さんも余程このお小言が効いたと見え、その後すっかり腕を上げられ、細工場随一の下地研ぎの名手になってしまわれました。夭折されたことは誠に残念で、今日健在で

第一図

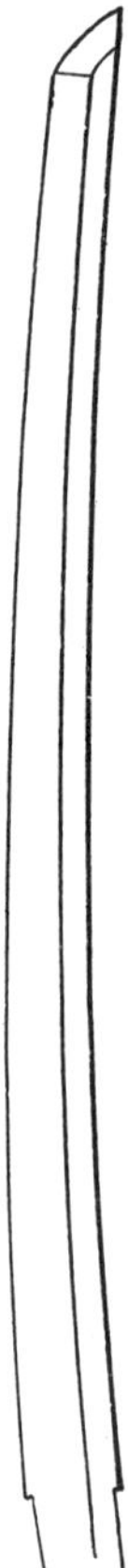

第二図

第三図

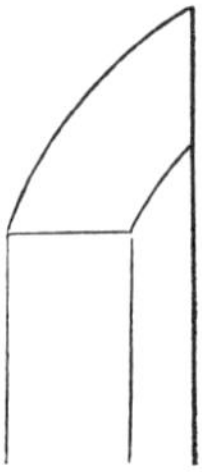

第五図

第四図

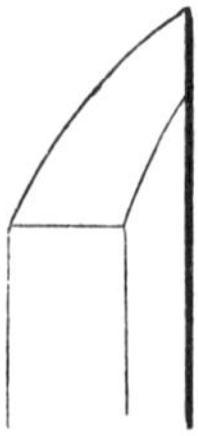

第六図

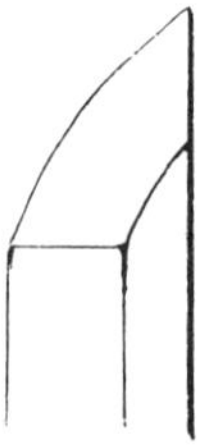

第七図

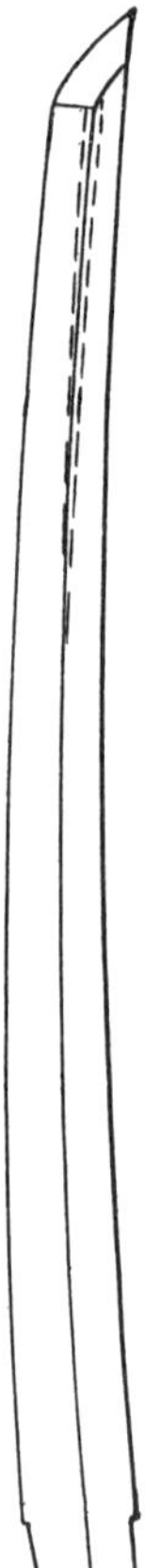

第八図

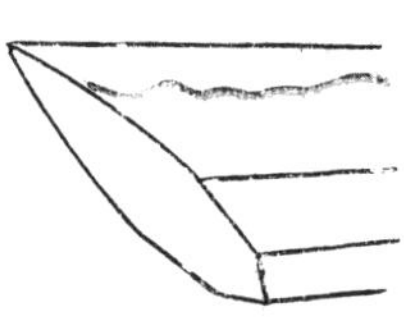

第九図

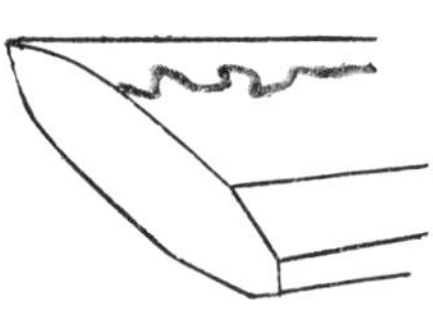

第一〇図

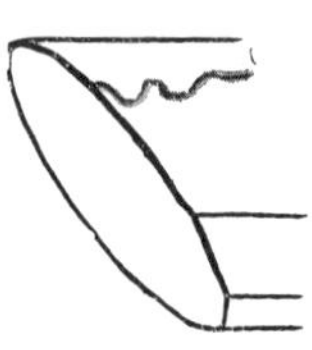

あったならそれこそ大変な腕になっておられたろうにと惜しまれます。

また、刀によりまして、刃の一部が特に硬いものとか、特に軟らかいものとかがあるので、これもあらかじめよく知っておき、相当考慮に入れて研磨しなければなりません。

元来、肉置きを大別すると、第八図と第九図の二つになります。第八図はコンモリとした普通の肉置きであり、第九図は刃肉の盛り上がった硬物《かたもの》切りの肉置きです。前者が平安から鎌倉初期、後者が鎌倉中期から末期の一部にわたるもので、この二つが後世いろいろに変化しているのです。

この第八図の場合の正しい肉置きとは、ちょうど凸レンズの表面のように、満遍なくフックラと張りを保っているのが良く、これに少しもムラがあってはなりません。

ところが、刀の焼刃と地を比較した場合、刃の方が地の方より硬いのは当然ですので、同じようにただ心なく研いでいると刃は減らず、地の部分のみが減って刃肉が見苦しく付きやすいものです。すなわち第一〇図のようになり、第九図の猪首切先太刀の肉置きとは全く異なり、刀全体が丸く見えて見苦しいものであり、仕上研ぎでいかに刃取りを苦心しても、刃中を冴えさせ明るく見せることができない結果となります。これを平均に研ぐには、力の加減と重心の掛けどころがきわめて大切です。

もう一つの悪いことは、元の肉置きと中ほどの肉置きと先の方の肉置きが変わっていることです。とにかく一寸ほどの幅の刀身を砥石の上で研いでいくのですから、困難至極の仕事には違いありませんが、元の肉置きと先の肉置きが変わっていたらどういうことになるでしょう。その合致するところ、必ず肉がねじれてしまうわけで、平の肉の中に研磨の最も恥とする中鎬という肉の鎬ができてしまい、いかに上手に仕上げてあっても（否、仕上げることはできないのですが）問題にはなりません。きれいに見えるだけが研磨の神髄ではないのです。研磨とは、いかなるところから突かれたとしても、毛筋ほどの隙があってもならないものなのです。

また、特に焼刃の硬いものの場合には刃肉を取ろうとすると、刃先がボロボロと欠けるために実に苦心を要することがあります。このようなことは古名刀には絶対になく、新々刀の下作などによく見受けられるものです。

昔実戦に使用したため刃コボレを生じていたり、ある一部分に殊さらに深く錆を生じたものがあったりした場合、決してその部分のみを直そうとしては駄目で、全体の姿、釣り合いを考えて慎重に処理しなければなりません。

刀身に彫刻のある場合、その彫刻の周囲の肉がのめってしまって、皆彫刻という空間へ落ち込んでしまうものです。これは非常に難しいことですが、本当の研磨では肉の落ち込みなど絶対に許されません。その際があくまでもピンと立って、自然の肉置きを少しも崩してはいけないのです。

もしも不幸にして落ち込んでいる場合、その肉置きを直すことは全くの難事で、「山伏国広」（注・第六章参照）を研がれたときの師匠の苦心などは、全く言語に絶するものがありました。私もどういうものか、今年は彫刻のあるものばかりに当たりまして、その肉置きの落ち込みを直すのには一方ならず苦労をしました。ようやく師匠にも褒められる彫刻の研ぎが二振ほどできましたが、それは池田家伝来の三体仏の康継と、島津家伝来の五字忠吉の梅竹の彫りのある刀でした。この二振は私にとって一生忘れることのできない思い出の刀となることでしょう。

どうもとんだ自慢話になってしまいましたが、実際心血を注いだ仕事というものは、忘れようとしても忘れることはできません。

まだ下地研ぎについては細かく申し上げることがたくさんにありますが、あまり長きにわたるのもと考え、この辺で終わることとします。

仕上げ研ぎの要所

仕上げ研ぎには対馬研ぎと金肌研ぎとがあり、現在一般に多く行われているのは、地鉄の仕上げを青黒くするために金肌（酸化鉄）を使用する金肌研ぎです。

金肌で拭いを差すと、刃中までも黒くなり、このままの状態ではすこぶる体裁が悪いので、親指の先の腹で薄い砥石を使い、白く研ぎ出して刃模様を形取ります。これを刃取りと言い、現在主に行われている仕上げ法です。ここでは、この仕上げ方によりお話をすることにします。

そもそも、仕上げ研ぎの良しあしを論じることは非常に困難なことです。見る人それぞれにより、どのような仕上げ研ぎをもって良いとするか悪いとするか、異なっているからです。ある人は自己の好みに合わないと言って悪い仕上げ研ぎと否定され、別な人は刀本来の鍛えの肌模様、刃文の状態などすべてを赤裸々に表面に表す仕上げ研ぎを喜び、良いと思っておられ、またある人は作品そのものの好みと同様に地味で深みのある仕上げ研ぎを良いと言われるように、人により、自己の嗜好と刀を見る力により、いろいろの面で種々に評価されているのです。

それでは、果たしてどのような仕上げ研ぎをもって良いとするか、あるいは悪いとするかを次に述べましょう。

元来本阿彌家はご承知のように、刀の道において自他ともに許す宗家であり、鑑定ならびに研磨をもって本職とし、今日なお家業としています。研磨法は特に本阿彌流と言い、厳然として受け継がれてきました。本阿彌家当主の方々、数多くの弟子の方々が時代時代に相応していろいろと研究され、技術の進歩・改良を加えて今日に至っていますから、最高の研磨法と言って差し支えないと思います。

ここに師匠のお言葉をお借りして、一口に仕上げ研ぎの良さを申し上げます。研ぎ上がった作品をご覧になられた際、一見して肩の凝らぬ感じで見られる、要するに見ていてすがすがしい気持ちになり、ぎごちない感じが少しもなく、見れば見るほどにその作品の良さが伝わってくる、地鉄は青みを帯びた潤いを持ち、刃の部分は細雪の降り積もった肌のように白く、刃中が明るく、鎬地はあくまでも黒く、地刃の釣り合いが取れている――このような仕上研ぎが良いと言えます。

このような感じを持たせるには、細かい点に非常な技術を要し、その良しあしが直接、仕上がり全体の良しあしを、決定づけるものです。

中でも地鉄は、全般にわたる仕上げ研ぎの最も重要な仕事の一つであり、地鉄の「こなし」（仕上げ方）次第で、その作品の持つ技量以上に見る人の目に映るか、悪く映るか、決定的な役割を果たすものです。

今日美術品としての日本刀に対しては、あくまでもその言葉の通りに美しく、きれいに研磨しなければなりませんが、現在数多く残され保存されている作品が必ずしも一様に美しくきれいな地鉄の肌模様をしているわけでないことは、皆さまもよくご存じのことと思います。

各刀匠の技量、地方色、時代色により、地鉄は千差万別ですから、研師は各作品の肌模様をあくまでも正直にそのまま表せば、地鉄の仕上げ方は良しとすべきはずですが、実際には決して良いとは言われません。地鉄が良い場合はなお良くし、悪い作品に対しては、悪いうちにも良い面が必ずあるものですから、その良い面を表現し悪い面はなるべく隠すようにしなければなりません。研師はそのように努力しているのです。

その点、研師がいかに苦心をしたとしても、絶対と言っても過言でないくらい、こなしができない作品があります。本来その作品の地鉄は良かったのに、たびたびの研磨を経て研ぎ減り、芯鉄の露出している作品、あるいは粗雑な地鉄をもって鍛えている作品も多数あります。

このような作品に対して、研師はいかにしてその地鉄が持つ欠点を隠し、より良く仕上げるべきか、苦心に苦心を重ねるのですが、この研師の苦心もお察しなく作品の持つ欠点を棚上げして、研磨の悪いこと、研師の未熟さのみを云々される方々がいます。私は非常に残念と思っています。

研師もそれぞれにより技術の相違こそありますが、おそらくこのような作品を仕上げる場合は何らかの工夫を凝らしています。この陰の努力が、その作品の研磨全般に必ず現れていると思います。必ずしも地鉄のこなしが良く見えないものでも（地鉄そのものが悪いせい）、苦心の跡が残っているはずで、この点を私は認めていただきたいと思っています。

要するに、地鉄のこなしの良しあしは、その作品に応じて適度の工夫を凝らし、作品の持つ美術的価値の綾模様を十分に表面に現出させているかどうかにかかっていると言わなければなりません。

例えば、粟田口物は全刀匠中最高の地鉄と言われており、その味わいは到底筆には表すことができませんが、潤いがあって真底から青みを帯びた鉄色、豊富に付いた地沸、その沸の一つ一つの光の強さ、金筋・稲妻・地景の働き――このようなすべての状態が、無理に引き出された感じにならず自然に表され、仕上がりが楽に見えれば良いのです。

それに引き換え、地鉄の肌模様は無地鉄のようで、地沸といえばよく見なければ見ることはできず、すべての働きは現れておらず、またこれと反対に、肌模様は小杢目肌でありながら、何か荒々しく爪で地鉄全体を引っ搔いたように見え、地沸はただギラギラと強く光り、本当の沸の良さを見ることができない状態の仕上がりは悪いと言わなければなりません。現在、相州物上位の作品の仕上げ研ぎにつきいろいろと論議になっていますが、これは後日、研師の立場から述べさせていただきたいと思っています。

とにかく、相州物の地鉄のこなしは非常に難しいもので、行光・正宗・貞宗とそれぞれ名工の持つ地鉄の味わい、肌模様の変化、地沸・湯走り・金筋・稲妻・地景と、刃中から地にかけて名刀の持つ働きが十分に表現されており、そのうちにもやはり、それぞれの技量の相違と持ち味がありますから、この持ち味を十分に表現した仕上げが最も良いということになります。

拭い（地鉄を青黒くし光沢を出す仕事）については昔からいろいろ秘伝があり、その地鉄に色合いと光沢を持たせるために、研師により金肌・鉄粉などさまざまな粉末の調合が工夫されているようです。

要するに、色合いはあまり真っ黒でもなく薄くもなく、中間の色合いで、表面がテカつかず、青黒くしっとりと見えるのが良い拭いです。

刃取りについて少し記すと、刃取りの取り方の良しあしによって、地鉄の色合い、強弱、潤いなどが反射光線の作用で大分変化してきます。これも地鉄のこなしとともに大切な仕事であり、難しいところです。

金肌拭いを入れると、地鉄が黒くなるとともに焼刃も黒くなるので、焼刃の働きを表すために再び刃光沢《はづや》で焼刃の形を白く表します。この刃取りは作業中最も研師の技術を表すところで、それだけ種々の困難が伴うのです。

焼刃の形が親指より小さいと、その形に白くは取れないので、二つ三つまとめて白くしていきます。そうすると、鑑定をする場合、その刃光沢の跡と焼刃とが一つに見えてしまうので、十分注意を要します。刃取りのツヤの境がはっきりしすぎると、「奴の額」のようだと嫌われます。朝霧のようにゆったりとぼかすのが大事です。刃表に少しのムラもなく色合いにも深みがあり、笹の葉に淡雪の積もれるごとき色合いに仕上げるのです。

師匠が述べておられる通り、刃縁がキリリと区切られて、刃文の形だけが白くなっている（指の跡が残る）ものは最も悪い刃取りで、このような状態だと名刀も何か卑しく見えてしまいます。

刃縁はあくまでも朝霧のごとくぼかし、刃先から順次刃縁にかかってどことも区切りもつかず、それでいて刃文の形が判然とわかるのが良いので、そうすると刃取りの形もゆったりと見えるものです。

刀匠により刃文はさまざまですが、その基本の刃模様は直刃《すぐは》・湾れ《のたれ》・互の目《ぐめ》の三種類です。刃取りも、この三つをもって形取って行われるものです。

親指の先で技巧をする仕事ですから、丁子《ちょうじ》乱れや大乱れ、あるいは小乱れ、小丁子乱れとなると、到底その刃文通り白くすることはできません。そこで、丁子乱れや大乱れなどの場合は、互の目の大小に変化を持たせ、あるいは互の目を純然たる互の目でなく変形させて、丁子乱れなり大乱れとして見せます。小乱れや小丁子乱れの場合には、二つ三つの乱れを一山に取り、湾れ風に取り、変化を見せてゆきます。

作品そのものの刃文の模様は実質的に変わりませんが、研師の考え次第で刃取りの形は大いに変わってきます。特に沸付きの作品には、研師によって変化が多く見られます。いずれにしても、正宗は正宗らしい刃文に、貞宗は貞宗らしく、その刃取りが形取られ、しかも前に述べましたように、見ていて嫌みのないものが最も良いと言えます。

仕上げ研ぎは、地鉄のこなしと刃取りで、その良しあしがほぼ決定づけられます。もちろん鎬地の磨き、切先のナルメ仕上げも大切ですが、鎬地は地鉄の肌模様の目をつぶすと言い、その目が細かくなっていればいるほど良く、しかも黒々として鏡のようにきれいにしてあるものが本来の磨きです。

切先も研師の腕の見せどころと言われ、その切先の格好により研師の技術の差がわかるものですが、これは多く下地研ぎによって決定づけられます。その仕上げは横手の線がはっきりと整い、切先の中がムラなく、砥石のキズ跡もなく、なめたようになるのが最も良いものです。

以上、簡単ですが、仕上げ研ぎの要点と見どころを申し上げました。（昭和二十八年）

第四章　研磨の見方

その二

著者近影

晴らす技術こそ現代研磨の神髄である

研磨の範囲と方法の確立について

今日の日本刀研磨の目的は、美術品であり、かつ文化財であるという二つの面から、おのずと定められてくると思われます。すなわち、日本刀の美しさがより深く鑑賞できるような状態にすること、そして将来にわたってできるだけ健全な状態で保存されるようにすること、であります。

それでは、その目的に沿ってどのように刀を研ぎ上げていったらいいかとなりますと、必ずしも具体的な決まりがあるわけではありません。長所であれ短所であれ、刀の持ち味には違いなく、同じ方法で研いだ結果現れる差が個性であるとするのは暴論で、長所をより強調し、短所は抑え、全体を調和させ、より美しく見せていくのが現代の研磨の基本姿勢です。

しかし、言葉としてそうは言えても、何をどこまで引き出すかは微妙で、そのための技術も同じように見えて異なってきます。

日本刀の姿や肉置きに関しては、かなりはっきりした基準があります。従って下地研ぎは仕上げに比べて、研ぎの流派の違いを超えて、具体的な研ぎ方を指摘することができます。その時代特有の姿や肉置きがあり、鎬や横手をきちんと決めることなども常識的な範囲に属するものであって、あとはこれを技術的に実現できればいいわけです。

ただし、ここにも微妙な問題があって、例えば錆《さび》、朽ち込み、刃の欠けなどを取り去るべきか取らざるべきか、研師によって全く反対の決断が下されることも起こります。指定品などの特殊な場合を除けば、何よりも先に欠点に目が行ってしまうものです。それを残した結果、必要以上に価値を減じて見られたり、長年放置しておくことで朽ち込みが進行し、刀そのものが損なわれることさえあるかもしれません。

姿を崩さず、地刃の出来にも影響を及ばさない範囲で取り切れるのなら、どなたも異存はないでしょう。が、そこからわずかに進んで、肉を減らしてまで取るかどうかは難しいところです。その基準が明確でない現状で、日本刀の価値と保存の決定がわれわれ研師にかかっていることの重大さを思わざるを得ません。

地鉄や刃文の表現の仕方、とりわけ仕上げ研ぎに関しての基準は、せいぜい地刃を黒白の対照とし、刃縁をきつくせずにぼかして刃取りするといった程度にとどまります。

殊に、どこまで引き出したらいいのか、あいまいなのは地鉄で、肌を伏せて研ぐことが一般的だった時代から、精いっぱい出す研磨法に変わり、今日ではやや抑える方向に傾いているようです。一方では、新々刀などの無地鉄《むじがね》と呼ばれていたものが、よく詰んだ小杢《こもく》目肌《めはだ》と見えるまでに研磨技術も進歩しています。

その時々の流行や技術の進歩とは別に、生活環境の変化に伴って鑑賞の仕方も変わり、研ぎにも影響を及ぼすことがあります。洋風あるいは和洋折衷の、白い壁面の多い明るい部屋で見る機会が多いと、刀は反射で実際より白っぽく見えがちです。いきおい拭いの色を濃く差すことになります。

刃文を見るときはスポットライトにかざすにしても、部屋全体の照明が蛍光灯だと刀身はまた異なって見え、この場合はむしろ映えるものです。細工場《さいくば》に蛍光灯を用いた研師もありましたが、これは意に反して失敗でした。研師はあくまで実物を正確に見極めるべきで、自分の研ぎがそれ以上に見えるようでは決していい仕事はできません。

研師の仕事自体も、非常に広範囲にわたってきています。かつては、ある程度専門的な分野があったり、場合によっては仕事を選んだりした時代もあったようです。現状ではそれは通用せず、研磨の目的から考えてもいいはずがなく、できるだけ砥石《といし》に当てないで古作の整形ができること、古刀期のあらゆる伝法が研ぎこなせること、同様に新刀・新々刀が研げること、新身《あらみ》が研げることなど、一通りを水準以上に可能にした上で、特に抜きんでたものを持つことが研師の条件として求められています。

さらに、時には高度な補修の技術を要求されることもありましょう。埋め鉄《うめがね》、樋《ひ》や彫刻の直しなどは本来刀匠の分野に属する仕事ですが、研師がそれをあえてやるからには完璧な技術を持たなくてはいけないし、やれなくても補修を指示できるだけの知識を持つ必要があります。刀身に関しては、総合的な管理を研師が行わざるを得ないような時代が、既に到来しているのではないかと考えています。

研師の使命は、今後もますます重大になっていくことでしょう。われわれが努力してそれにこたえることは当然ですが、刀を取り巻く環境の変化や時代の流行、好みなどによって、研磨そのものも変わっていくでしょう。

そのときに、刀の持ち味を引き出してより美しく見せる研ぎに偏るあまり、一方の目的である日本刀の保存と対立するような事態を招くことだけは絶対に避けなければなりません。そのためには、研ぎの良しあしという評価の基準が好みによるのではなく、目的に沿った基準として確立されることが望まれます。

それに従って研磨の技術と方法が一通り規範化されていけば、少なくとも一振の刀がたびたび研ぎ直しされるようなことは減少するのではないでしょうか。

研磨の良しあしの基準があいまいで、個々に研ぎ方も異なっている現状は、いわば過渡期であり、私自身の感想を述べるにもいささか躊躇を感じますが、ここでは最も具体的な技術の問題について考え、そこから皆さんと一緒に次の時代の進み方の糸口でも探ってみたいと思います。

下地研ぎの概要と押さえどころ

下地研ぎの目的は、正確な形に整えることと、仕上がりを予測し、それが可能となる地刃の状態を引き出しておくことにあります。

●手が決まる

そこで十分な成果を得るためには、まず手が決まっていなくてはなりません。手が決まるということは、構えの美しさ、動作の軽やかさのような形だけにとどまりません。常に刀に神経が集中し、刀身と砥面《とづら》の微妙な変化も逃さず、これに自然に対応できる身のこなしを指すのが妥当でしょう。

仮に二尺三寸（約六九・七センチ）の刀を筋違《すじかい》に砥石に当てるとすると、刃区《はまち》から切先《きっさき》まで同じ方向で一気にはできませんから、必ず刀を返します。そうすると元・先および刃方・棟方がそれぞれ反対になります。それに伴って、刀身に対する感覚のバランスが今までとは違ってきます。

おおよその断面で見ると、刃先と庵《いおり》を結ぶ線と、刃先と鎬《しのぎ》の線が一〇度あって、元から研いだときにはその角度に従って研ぎ、返したとき同じ感覚で研いだつもりでも実際には九度なり八度であった場合、刀身はねじれて、いわゆるプロペラになってしまいます。きわめて微妙な誤差であっても、鎬や肉置きに狂いが現れてきます。

元・先の問題は仕上げに至るまで付いて回ります。表の元から研ぎ始め、中ほどを過ぎると体力的にも疲れが出てきて、砥石の効き方が違ってきます。これは、むしろ精神力の問題と言うべきかもしれません。一番目につく個所に抜かりがあってはいけません。

刃先から鎬までほんのわずかの幅ですが、この平地全体に平均に砥石を当てるのも非常に重要なことです。どう研ごうと中央部には当たりますが、それと同じに刃先寄りや鎬際、平造りの場合の棟寄りにしても砥石がよく当たらなくてはいけません。

それがムラだと、中鎬《なかしのぎ》が立って、刃先寄りにも角ができてしまいます。実際には蹴っていないにもかかわらず、結果として鎬と刃先を蹴ったように見え、平肉を落としたように受け取られてしまいます。

わざわざそのように研ぐ人はいませんが、平均に当てたつもりでいても、考えているほど砥石が当たらない場合が多いものです。刃先に強い角度で当たると、蹴る心配がありますし、鎬際を重点的に研いでいて少しでも手が狂うと、「引っ切れ」と言って目の深い傷のような線が入ってしまいます。

いったん蹴ったりヒッキレを生じたりしたら、砥石をうんと前の工程に戻さないと取れませんから、常にそのことを恐れています。従って、十分に砥石を当てようと思っても、また当てているつもりでも、その手前で止まってしまうという難しさがあるのです。

平肉を減らしてしまう原因としては、すべて同じ力で研いでいることも考えられます。ご存じのように焼きの入った部分は、ほかに比べて硬くなっています。それを、伊予砥《いよと》、改正《かいせい》、名倉《なぐら》、細名倉《こまなぐら》と、頓着なしに研ぎ続けたら、地の方が早く減り、刃は一段と高く残ってしまいます。

そうしないためには、地を三の力で研いだら、刃にかかったときに五の力で研ぐとか、焼刃の山の部分があったらそこだけ小さな幅で研ぐとか、しょっちゅう考えている必要があります。考えるだけでなく、体が自然に応じていかなくては満足に研げません。

やりやすいところで手を抜いたり、失敗したりすることは少ないですから、やりにくい個所ほどおろそかにせず、念を入れて研ぐことを心がけるべきでしょう。

刃区や棟区《むねまち》はもちろん蹴ってはいけませんが、砥石目が残っているのも目立ちます。中《なか》心《ご》を研ぎ込むのも良くありません。横手《よこて》の下も手を抜きがちです。小鎬《こしのぎ》の下まで帽子《ぼうし》の返りがあると、砥石もなかなか効きませんが、効かせておかないと磨きにくく、仕上がるとムラが目立ちます。これらの個所に一層砥石を効かせてやることが、下地研ぎのポイントとも言えるでしょう。

また、一通りきちんとこなせることが、手が決まっている如実な証明です。

●砥石を効かす

現代のように美術的な研磨を主とする場合、下地研ぎであっても仕上げに大きな影響がありますから、殊に細名倉砥と内曇砥《うちぐもりと》は十分に効かせておく必要があります。

砥石を効かせるということは、前の工程の砥石目を取った上でさらに入念にし、その段階で可能な地刃の持ち味を引き出しておき、次の工程が円滑にいくようにすることです。効かせた状態は一般の方にはわかりにくく、また研師でも初心者にはなかなか判別がつかないものです。どれくらい効かすかについても決まりがあるわけではなく、結局は経験で培った勘をその刀に応用していくしか方法がありません。

内曇砥であれば、細名倉砥の目を取って内曇砥の細かい砥石目にしつつ、刃砥なら刃中の働きや沸《にえ》・匂《におい》を、地砥なら肌や働きを十分に引き出しておきます。もちろん、前述したように全体にムラなく効かせておきます。ただ砥石目を取るだけでやめてしまうと、仕上がっても微妙な働きが出ないことが多く、冴えも足りず、効き方にムラがあると次の艶《つや》の効果が上がりません。

効き具合の差は、古刀ほど歴然とした違いで現れます。仮に足が五ミリの長さで入っている場合、十分に効かせれば研ぎ上げ後全部が見えますが、普通の研ぎ方では三ミリぐらい、効かせずにただ研ぐだけでは一ミリぐらいしか現れません。仕上がりの良否は結局、この内曇砥の効かせ方いかんにかかっていると言っても過言ではありません。

これまでの中名倉砥や細名倉砥で研ぐ動作そのものは、普通「突く」と称しています。ところが内曇砥だけは「引く」と言います。ここに内曇砥の研ぎ方の特殊性があります。研ぎは前後の動作ですが、突く場合には握った刀身を前方へ突き上げることによって砥石目も立ち、次第に効いてきます。引く場合には、引き手を強くして砥石を効かせます。常識で考えても、引く方が難しい動作でしょう。

同じ刀を二人の研師がそれぞれに、同じ内曇砥に当てたとき、地肌の出方が異なることがあります。本人は一生懸命やっていても、大肌だけが見えて細かい肌が出てこないのは、多くは引き方に問題がありそうです。サーッと引いて地肌が出たあと、同じ力で返してしまっては、当然地肌も元に戻ってしまいます。この繰り返しでは、いくらやっても砥石が効いたことになりません。

もともとあった大肌が研ぎ方で消えることなどはあり得ませんが、内曇砥を上手に引くことによって細かい肌がリンとして、結果的に大肌は目立たなくなります。この辺りが仕上がりのときに大きな差となって現れてきます。

仕上げ研ぎの概要と押さえどころ

技術的に最も難しくもあり、私自身努めていることは、晴れた研ぎをすることとです。春の空のようにドンヨリとさせるのではなく、澄んだ秋空のようににスッキリ見える研ぎがいいと考えています。それには刃取りの巧拙ももちろん大いに影響しますが、基本は何と言っても地鉄の表現です。良い仕上げができるためには、下地も十分に効かせておかなくてはならないことは、前に述べました。その上で最も重要なのは、地艶《じづや》の選び方と使い方であろうと思います。

ところで、刀の鉄質は一振ずつ異なっていると考えて差し支えありません。ですから、一つの砥石、一つの方法でいろいろな刀を試みますと、素晴らしくなる刀もある代わり、地鉄ががさついて潤いがなかったり白っぽく見えたりすることがあるものです。それをすべて上手にこなしていくには、刀に合わせた所作を工夫していく必要があります。

●地艶の選択

地艶は鳴滝砥《なるたきど》を薄く割り、砥石ですってさらに薄くしたものです。この下準備もなかなか大変です。一塊の砥石から出ても軟らかめの地艶が取れたり、硬めのが取れたりします。厚さによっても結果が違ってきます。厚くして使った方がよく効くとか、薄い方が適しているとか、さまざまです。従って、前もって地鉄を読んでおき、考えられる状態に十分対応できるだけの種類をそろえておかなければなりません。

その中から刀に合っていそうなものを見当つけて選ぶわけですが、果たして本当にいいかどうかは使ってみなくてはわかりません。たまたま硬すぎたり軟らかすぎたりしたときには、直ちに捨てて、別の地艶を探します。ところが、せっかく苦労して作ったものだし、何とかいけるのではないかという心理が働いて、なかなか捨て切れないのです。

地艶の選択は全く技術以前の問題ですが、どんなに技術があっても悪い地艶をカバーすることは困難です。その技術も基本は変わりがないわけですから、地艶の良しあしを見極める判断と、悪ければすぐにあきらめて別の材料を探す決断が、成功の大きな分かれ目となります。

肌を立てたり、伏せたりする操作も、この地艶と、下地の内曇砥の使い方によるところが大きいものです。硬い内曇砥でうんと引き出しておき、硬い地艶をかければ肌は立ちますが、がさついた汚い肌で潤いもありません。一方、軟らかい地艶でやれば潤いなどは出てきますが、肌は伏さって地鉄の妙味に欠けます。肌を伏せないようにして、かつ潤いがあってきれいに見えるようにするのが難しいところです。

私が若いころは平井千葉先生が開発された「平井研ぎ」の全盛期で、それをまねて肌をうんと出すことがはやりました。本当は刀に合った地艶はそれぞれ違うのですが、何にでも硬い地艶を使い、地鉄に引きつれを起こさせて無理やり肌をこき出したものです。ところが、そうするとある面は黒くなっても、ある面は白っぽくなってしまうことがありました。拭いを差しても地艶の目が取り切れない、つまり拭いの効きが悪く、入りにくいわけです。もちろん、平井先生の手法は単純に硬い艶だけを使ったのではありません。

硬くて良質の地艶は、今どき探してもなかなか見つかりません。硬いばかりでなく、粘りと弾力性があれば最高ですが、まず満足のいくものはないでしょう。瓦みたいに硬いだけのコチコチだと、角が当たってヒケがついてしまいます。

いずれにしても、軟らかい地鉄を硬い地艶で力を入れてこするわけですから、キズはつきやすいはずです。深いヒケが入ったのを取ろうとしても、地艶だけでは取り切れません。それに、取ろうとしていると、肌が伏さってきてしまいます。

●地艶とアク加減

ご承知のように、内曇砥は体全体で力いっぱい引くわけですが、効かせるのはなかなか難しいものです。地艶の場合はそれを親指の先だけでやるのですから、力の量として問題になりません。しかし、内曇砥の砥石目を取っていくのは地艶です。

場合によっては、砥石目が取り切れないうちに地肌がちょうど良くなってしまうこともあります。それ以上やっていると、砥石目は取れても今度は地肌が伏さってしまう恐れがあります。が、やめてしまっては拭いが入りにくいという相反する事態が起こります。

そこで下艶と上げ艶の二工程に分けてやります。まず軟らかめの地艶を使い、内曇砥の目をすべて取り、同時に効かせるようにしておきます。その際、何が何でも効かせようとすると、軟らかめの砥質のために肌が伏さりかねません。いったん伏さったら細名倉砥まで返さないと起きてこない地鉄もあって、厄介です。伏さらないようにして効かせ、その上で硬めの上げ艶を使って晴らしていきます。

それと、地艶を一度に使う範囲でも地肌への効き方が違います。なるべく狭い幅で使うのが良く、広く使うと仕事は早いですが、肌は倒れてしまったり、ガサガサになってしまう場合があります。せいぜい七センチぐらいでしょう。

平井先生は、ごく短い範囲で使えというお話でした。本阿彌琳雅先生の場合は調子を取りながら、地艶を回すようにして突き上げていったそうです。そのために刀の先の動きが規則正しく円を描いていたと聞きました。私の師匠である本阿彌光遜先生は「お前たち、ふき掃除をやるときに雑巾をよく絞らず、ベタッとしたまま押さえてきつく拭ったらツヤが出るか」と、掃除になぞらえて地艶の極意を語っておりました。

これは次の拭《ぬぐ》いの工程にしても同様で、強く押さえつけて拭いを入れると、ばさけて地鉄の良さが見られなくなってしまいます。軽くサーッとリズムに乗せてやるようにし、表面は軟らかく、しかも内部まで確実に効いている手ごたえを感じるようでなければいけません。基本的方法は同じでも、刀に合った微妙な所作を心得ることが必要です。アク水の加減もきわめて重要です。アク水は現在では普通、洗濯ソーダを生水《きみず》で薄めて使います。これらの粘り具合から推し量ったアクの濃度と使い方によって、地肌の出方が違います。

地艶を置いて親指の先でこすっていれば砥汁《とじる》が出てきますが、この砥汁をそのままためておいては肌が出てきません。アク水でどう払っていくかが問題です。同じ地艶であっても、アク水の所作次第で肌の出方は全く変わってきます。

試みに鳴滝砥ではなく、内曇砥の砥汁をつけてみると、地鉄が白っぽくなって肌も伏さってしまいます。一般にいいとされている地艶は、こすったときに真っ黒い砥汁が出てくるものですが、地鉄に合ったいい地艶を使い、砥汁とアク水を調和させていくところに地鉄の処理の最大のポイントがあります。その加減は微妙で、なかなか言葉で表現し得ません。手の感触と、見た目の状態を併せながら、緻密な計算を積み上げていくわけです。

そして最後に、どのくらいの肌合いで止めるかを決断します。生水を使って上げるか、アク水をちょっと差して上げるか、そのまま砥汁を拭っておくかでも、地鉄の晴れ方は違ってきます。

●拭いの工夫

次は拭いです。現代の拭いは鉄肌《かなはだ》を主体とし、経験から推して効果的なさまざまの物質を混ぜています。今ではよく知られるようになりましたが、金粉なども長い間秘伝とされていたものです。拭いが研磨の良否を決定する秘伝であるとする風潮は、一般の方たちばかりでなく、研師の間にも確かにあります。

私の場合は少々異なった考えを持っています。地鉄に対して拭いは最終の工程ですから、本来は最高の状態を引き出すべきものですが、実際に地鉄の最高の状態は地艶を終えたときです。刃取りの白さとの対照を良くするために拭いを差して地を青黒くしていくと、地鉄の良さは壊されてしまいます。地艶がうまくいって、これに拭いさえ差せばもっと素晴らしくなるだろうと思っているとテラテラしたり、「ばさける」と言って、がさついて本来の地鉄の良さを失ってしまうことがあるものです。

というのは、鉄肌はいくら細かくしても鉄の粉ですから、それで地肌をこすればつぶれるのは当然です。地艶の段階でリンとしていたはずの地鉄も、ベットリと倒れかねません。小肌とは反対に、肌立った地鉄は余計にがさつく危険性もあるわけです。

一例として、拭いの成分に酸化クロムを加えた場合にも厄介な面が出てきます。酸化クロムは緑色または黒色の粉末で、焼き物の釉薬などに用いられるものです。これにも数百に及ぶ種類があるそうで、性質も少しずつ異なるのかもしれません。最近になって拭いに使われ始めたように思われていますが、ずいぶん以前からありました。

これを使うと、地鉄の色合いに関しては誠に良く仕上がります。ただし、硬すぎるために拭いビケが立ったり、地鉄がメッキをかけたような状態になってしまったり、鎬地に磨きをかける際に「とっつく」という欠点があります。

「とっつき」というのは、平地に入るヒケと同じようなもので、白い筋状に現れます。これは、ある程度磨いたときに鎬地に細かい凹凸ができ、これを磨き棒が引っかけてしまうせいでしょう。軟らかく腰のない地鉄ほどとっつきやすく、何回も磨き直したり力を入れすぎても生じがちです。拭いの成分によって、とっつきやすい状態を作ってしまうのだと思います。

刀の地鉄よりも硬い物質でなら拭いは入ると考えるのが常識ですが、軟らかいものでも青黒くならないわけではありません。硬度だけでなく、それぞれの粒子の結晶の形によっても結果は変わってくると思います。丸いか、角張っているかで地肌の倒れ方や拭いビケのつき方にも差が現れてきます。すなわち、地鉄の肌模様や硬度などに、拭いの硬度と結晶体が調和し、地鉄の良さを壊さずに青黒い状態にするのが最高の拭いです。この物質と調合法が今日あるとすれば、本当の秘伝であろうと思うのです。

いずれにしても、このような拭いの方法は過渡期のもので、一部では既に鉄肌や酸化クロムは拭いの主成分ではなくなっています。やがて全く新しい拭いの方法が生まれて、一般化していくと思います。

もちろん現状では、総合的に見て拭いも良くなくてはいけませんが、あくまで前提にあるのは地艶です。私が理想としているのは、材料と技術によって、地艶が拭いの役割を果たすまでにはならないだろうかということです。拭いはできるだけ短時間で、せいぜい二、三分で上がり、場合によっては省略しても拭いを差したように青黒く、しかも当然地鉄は晴れて見えるようになれば申し分ありません。

鳴滝砥にも数種類あって、色合いを異にしています。これは含有物の差に由来することが大きいのではないでしょうか。その硬軟だけでなく、それぞれの含有物が地鉄にどのような影響を及ぼしていくか、それを知った上で刀にどのように調和させていくか——ここに、地艶が拭いの機能をも併せて果たし得る新しい方法のヒントがあるような気がします。

●刃取りの技術

刃取りは現代の研磨法の最大の特徴です。と言っても、焼刃の通りにくっきりと白く見せるだけのものではありません。美しく引き立って見えるようにするという基本に立ち返れば、要は地の黒と刃の白との調和を心がけることだと思います。従って、地艶や拭いの大切さがあらためて指摘されます。

焼刃に合った刃艶を選ぶことはもちろんですが、どんな刃でも同じような白さに上がるとは限りません。この刀はどのくらいまで白くなるか、あらかじめ読んでおき、それに見合った地鉄の状態を得ていないと、調和を欠くことにもなりかねません。地鉄の表面だけの黒さで、真底からの色合いを引き出しておかないと、刃が白くなり得ない刀の場合、それぞれが中途半端な白黒で映えません。そのような刀の刃境をぼかした場合、よけいに冴えないものとなります。といって刃と地の区切りをはっきりさせてしまうと、白黒の対照ははっきりしますが、いかにも人為的で品位がありません。白と黒の対照がよく調和し、その境が自然な階調《グラデーション》でぼけているのが良い刃取りです。

普通、刃縁をぼかす以前に下刃を取って刃中を白くします。ある程度厚めの艶をうんと効かせておきます。しかし、あまり厚くても刃縁がきつく決まりすぎ、ぼかすのが大変です。このときの艶は最後まで使い切らず、裏打ちした紙の下の漆が少し見えるぐらいで何枚かためておき、あとで刃縁のぼかしに使います。力の入れ方にもよりますが、薄くなった艶は当たりも弱く、おのずとぼけてきます。

ところが理屈ではわかっても、実際に刃縁をぼかすというのは難しいものです。刃の硬さと地の硬さは違いますから、同じようにやると地の方にきつく当たる結果が生じます。

きつく当たりがちなところをぼかすところに修練とコツが要ります。多少地に出してぼかさないと、刃縁がきついだけでなく結果的に刃中が白く見えず、冴えません。

現在はあまり行われていないようですが、二度刃という方法もあります。これは一度、刃縁をぼかしておき、境目に軽く拭いを差し、その上でもう一度ぼかしを行うものです。拭いを差せば刃縁は柔らかくぼけますが、どうしても地鉄を殺してしまいますから、その兼ね合いが難しいところです。また、余計な手間がかかります。

ぼかしが自然でなく、一回目の刃取りと二回目、それに地鉄とが段階になっているのは、以前から最も嫌われています。それでは刃取りをする意味がありません。

刃取り全体で注意すべき個所は横手下です。表裏とも最後になりますから、下地研ぎの項でも述べたように精神的な疲れも絡んで、意外な手抜かりになることがあります。切先はナルメという別の研磨法のために、刃取りは横手で完結しますが、焼刃は連続しています。それがつながっていないのでは、刃取りが反対に鑑賞の妨げになってしまいます。最後の最後まで、細心の仕事でありたいものです。

研ぎの良しあしと基本の心構え

研磨の工程に沿って技術的な要所を一通り述べてきました。基本の方法については、ご承知いただけたと思います。

しかし、同じ砥石を用い、同じ所作をしても、現実に研いだ結果の良しあし、上手下手はあります。それが技術の差だと断じてしまえばそれまでですが、それだけではないと思います。研師としての経験、精神力、人格など、目に見えないさまざまな要素が刀に及ぼす影響もあろうかと思います。

そのあたりの事情に触れながら、前記の不足を補ってみたいと思います。特に研師を志す若い方々に多少なりとも有益となれば幸いです。

●刀を見る目

刀は保存の状態や出来から見て千差万別です。健全なものもあれば疲れたものもあります。名刀もあれば鈍刀もあります。一人の刀匠に限っても、年齢に従って作柄は違いますし、その日の天候やちょっとした火加減の差が刀に微妙な影響を及ぼしています。全く同じ条件を備えた刀というものは、あり得ません。

それを研ぐ者は、同じことを繰り返しているように見えて、常に未知の世界を進んでいるようなものです。そこに研ぎの難しさがあります。

研師はまず刀を見る目を養わなくてはなりません。どうしても技術が優先しがちですが、本当は技術以前の刀の見極め次第で、結果の半分ぐらいは決まってしまうのではないかと私は考えています。作品そのものが批評される刀匠と違って、作品の持ち味を精いっぱい引き出す裏仕事であるだけに、余計厳しく見る目が要求されましょう。研師にとって刀を見る目とは、長所ばかりでなく短所も同様に客観視することであり、それを十分に研げるだけの技量を自分が持っているかどうかをも判断することだと思います。研師が五の力しか持っておらずに、一〇の位の刀に挑んだとしても、結果は決して良くなりません。

技量ばかりでなく、研師が人格や素養の向上に努めることも重要であると考えます。私自身、これまでに名刀の研磨を依頼されてお断りしたことが幾度かありました。それは、名刀の位、あるいは名刀を通して心を打たれる作者の技量や人格に比して、自分がふさわしいかということを反省した結果でした。形だけきれいに研ぐのは技術で可能かもしれませんが、作品の品位が見る人に伝わっていくような研磨は不可能です。品位に欠けるのでは、名刀が名刀でなくなってしまいます。

刀に対しては常に謙虚な気持ちを持ちたいと思います。自分が研げば刀が良くなるのだ、一段格上の指定になるはずだ、などと不遜な気持ちを持ってはいけません。技術というものは内面的な充実があって、初めて生きてくるのだと思います。

●晴れた研ぎ

技術的なポイントとして、晴れた研ぎをすることが大事だと前に述べました。刀が一振ずつ異なる以上、通常の方法で研いでも自然に晴れるものがある反面、なかなか晴れない刀があります。匂口が弱い刀はどうしても冴えませんし、備前物などは名刀ですが、映《うつ》りがあるために晴れにくいものです。

地艶も丁寧にやってあり、磨きにも欠点がなく、刃取りも上手である、しかしよく拭ってみても曇り空のように霞んでいる、というのでは良い研ぎとは言えず、愛刀家の方も満足しません。欠点は極力抑え、映りは備前物の特徴として表し、かつどのくらい晴れて見えるようにするかが、研師の力量にかかってきます。すべての研ぎが晴れて見えるようにできれば、まず一人前の研師と言うことができます。

それには、砥石を選び、よく効かせ、刀に合わせて方法を工夫する純技術的な面も大きいですが、仕事に対する意欲の大きさも特筆したいと思います。技術的に上手な人でも、漫然とした気持ちでやった小手先の仕事では、研ぎが死んでいます。

健康で体力が十分であれば、精神的にも充実し、それが仕事の活力となって現れます。磨きなどは、その人の性格や気持ちの状態が特に現れやすいのも面白いことです。仕事に対する意欲があって、体験を積み重ねていけば、おのずと目も備わり、細心の注意を払う習慣もついてきます。

例えば、夜のうちに地艶を使い軽く拭いを差すと、そのときは素晴らしい冴えだと思っても、翌朝になって自然光の下で見ると満足できないことがあります。これは、夜の方が実際より拭いが濃く見えるからです。仕事場で見るだけでなく、居間で見たり、蛍光灯の下で見たりしながら、あらゆる条件の下で最も良く見える研ぎを追究しなくてはなりません。そういう体験の中から、仕事のコツが身についてくるものです。

●整形と保存

現存するものには一〇〇〇年近く前の作品もあり、今日まで伝わる間に形が崩れていたり、欠点が現れたりしていることも少なくありません。研師の仕事の範囲は決して狭くありませんが、そのすべてに精通していなくてはいけません。

形を直すのも非常に重要な仕事です。しかも、刀を改造するのではなく、減らさずに、いかにして本来の形に見せていくかが大切なところです。

先幅が狭くなって切先のすぼんだ刀があるとします。本来は元幅に対しての先幅が時代によってほぼ決まっているわけですが、数字の上で比率を合わせようとすると、先幅を基準にして元まで引くことになってしまいます。それでは刀自体が極端に減り、疲れも現れてきます。

そうかといって、幅を広げることは絶対に不可能です。そこで、限られた枠の中で、本来の形に見えるような所作をします。先の張りがないために、余計狭く見えるわけで、鎬の位置をいくぶん調節したり、小鎬の位置を下げることで全体の釣り合いを取ります。局部的に見た場合には原形を変えてしまったように感じるかもしれませんが、減ったために不釣り合いになっていたわけで、直したあと全体を見ると、より整って感じられます。

このような仕事ができるためには、当然刀の姿を把握する鑑識眼がなくてはならないし、同時に技術を体で覚え、長い経験を積むことが必要でしょう。

昭和二十三年以来、日本美術刀剣保存協会の主催で研磨コンクール（研磨技術等発表会）が行われております。ここからは多くの優秀な研師が出て活躍していますし、研磨界のみならず、刀剣界全体に大きな功績を残してきました。出品刀の研ぎに対しては講評がありますし、全国からの応募が一堂に会するのも大きな励みとなりましょう。

私も審査員の一人として毎回見てきていますが、水準はその都度高くなっています。甲乙をつけるのはなかなか難しいものです。そこで私は、先ほどから述べているように、下地を別にすれば、晴れた研ぎをしているかどうかが最大のポイントだと考えます。

一方、出来も状態も一点ずつ異なる刀を研いで、それを同じ次元で採点することに関して、一部に疑問の声も上がっています。

例えば、普段の研ぎから見てほとんど同じ技量を持っている二人が、刀の出来自体に明らかな差のあるものを研いだとき、果たして同等に評価できるかどうか、疲れた刀を一生懸命研いだ場合など、苦労は認められても、研磨の技術的な評価はどうか、などです。

古名刀であれば、火災に遭ったり、よほどひどい保存状態であったりしない限り、代々名人が研いでいますから、きちんとした下地ができています。少なくとも形を直す必要はありません。従って細名倉ぐらいから始めて十分です。もちろん技術が劣っていれば一目瞭然ですが、一定以上の水準の研師なら良く上がるのは当然です。

水準以上の研師の中でも技術の優劣はありますが、あまり手のかからない古名刀が出品されたとすれば、そればかりに高い点数が集まって微妙な技量の差はわかりません。

そこで、併せて新作刀も出品してはどうかと言う方もいます。新作刀だけの研磨を審査するとしたら、やはり偏りが現れがちですが、古作と新作刀を二口出品すれば、かなり正確な評価ができるでしょう。つまり、古作では主として仕上げ研ぎの技量がわかり、新作刀で下地研ぎが評価できるというわけです。

私の主宰する研磨研修所では、在籍中はコンクールへの出品を許さず、三年間修業して独立した上で出品するように勧めておりました。ところがあるとき、研修生の中からぜひ出品させてほしいという要望があり、考えた末に本人の自主性に任せることにしました。出品するとなると、平生とは違う自覚と意欲が生まれ、それが技術の向上にもつながるだろうと考えたからでした。

◉手間をかける

一生懸命研いだ作品がコンクールで高い評価を得るのは結構なことです。しかし、それを目的にするのではなく、一つの勉強の機会と考えていただきたいものです。仮に通常は一〇日から二週間で研ぎ上げるところを、出品刀に限って一カ月かけるとします。そのときだけ手間をかけ一生懸命研いだとしても、また元に戻ってしまうのでは、あまり有意義とは言えないのではないでしょうか。常に特賞や優秀賞のような研ぎをすることが大事なのです。

しかも、必要かつ十分な手間をかけていないと、研ぎ上げたばかりは同じように見えても、すぐにぼけてきます。いわゆる手抜きです。われわれから見れば、どこをどう手抜きしているかわかりますが、一般の方ではそのときはわかりません。

丁寧に研いであるものも一見しては同じようですが、すべてに行き渡っていますから、長い年月を経ても研ぎの良さを損ないません。手入れをしているうちに研ぎがなじんできて、いわゆる味わいが出てきます。

一方、手入れをするうちに良くなるというのは研師の一つの逃げでもあって、現状が良くないことを認めているようなものです。本当は研ぎ立てが一番良くなくてはいけません。

打ち粉も砥石の粉には違いありませんから、手入れをするのも決して刀を良くするものではなく、最小限にとどめたいものです。

このことと同じく、あまり研ぎに日数がかかりすぎますと刀にいい結果をもたらしません。水気を切って丁子油を塗っておかないと錆が出ますから、毎日仕事を始める前に打ち粉をかけることになります。その回数が多いほど表面に傷がついたり、せっかくの冴えが失われたりし、研ぎを殺してしまいます。

現代研磨の先覚者たち

現代の研磨の最大特徴は鉄肌拭いと刃取りの二つですが、これを完成したのが本阿彌平十郎という方です。それまでの拭いの主流は対馬砥《つしまど》の粉末を用いる差し込み研ぎで、今日の目から見ると地鉄ががさつく傾向があり、刃も青白くはなりません。対馬拭いを特に希望する方には、それだけでなく、磁鉄鉱を混ぜるなどの工夫をしてきれいに上げるのが、現代の普通の差し込み研ぎです。

平十郎師以前にも鉄肌を用いる拭いはあったのですが、「刃《やいば》の本体を失ひ、にくむべきの甚だしき」（鎌田魚妙『新刀弁疑』）邪道の方法と見られていました。これに改良を加え、さらに刃取りを創案して美術的研磨を行ったのが平十郎師であり、その結果正統の研磨法になったわけです。

研磨は伝統的な技術には違いありませんが、面白いことに、各時代に名人と呼ばれた方たちはいずれも新しい方法を開発し、あるいは完成させています。平十郎師はその典型であったと申せましょう。

明治時代以降は名人が輩出し、研磨全体の水準も飛躍的に向上しました。本阿彌琳雅先生、平井千葉先生、その弟子で早逝された大島一剛さん、石川周八先生およびその系統の方、新刀で大家と言われた平島七万三先生などの研ぎが印象に残っています。亡くなられた山田英さんは堅固な主張を持った方で、批判もありましたが、美濃物の地鉄のこなしなどは上手でした。

琳雅先生の研ぎは、当時群を抜いていたでしょう。門人の平井千葉先生が後に肌を起こす研ぎで一世を風靡したのに比べ、琳雅先生の場合はあくまで上品に、対馬研ぎのように地鉄を沈めたものでした。仕事に関してはとにかく潔癖で、かつ厳格であり、弟子に入っても三日と勤まらないほどだったと聞いています。

私の師匠本阿彌光遜先生も琳雅先生に学んでいます。当時の琳雅先生の下地研ぎは、ほとんど光遜師が手がけていましたから、もちろん技術的には名人の域で、われわれ弟子も厳しく教え込まれました。

●平井研ぎ

昭和十四、五年ごろ、平井先生の研ぎを拝見したときには、本当に驚きました。私は修業中でしたが、当時の一般の研師のものとは全く相違して画期的な感じがしました。

平井先生もしばらくは琳雅先生の研ぎを継承しておられました。その後、「平井研ぎ」を大成された原因には、愛刀家の杉山茂丸先生の存在が大きかったのではないかと思われます。非常に懇意にされておられ、仕事場にも入られるほどで、研ぎに対しても杉山先生の見識は相当のものだったようです。杉山先生が肌を起こす研ぎを強く希望され、それにこたえて平井先生が研究を重ね、新しい方法を開発されたものと思います。やがて、研磨界の大勢も平井研ぎに倣うようになっていきました。

その本質は、地鉄の働きが如実に表されて味わい深いところにあり、特に相州物には最も良く調和しました。しかし、備前物の研ぎなどに対しては一部に批判もあったようです。

平井先生の研ぎを追って見ていきますと、第一期は琳雅師流の比較的おとなしいもの、第二期は新たな方法で地肌を起こしたもの、第三期はそれが一般にも定着して、ますます地肌を強調したものと分けることができます。

私自身はこの第二期ごろの研ぎが好きですし、また琳雅先生と平井先生の中間的なところ、すなわち地肌は細かく、なおかつ肌合いがリンと立っているような研ぎを理想としております。

　平井先生がかつて研がれた刀を、その後数十年経て依頼されたことがありました。手掻包永在銘で、旧国宝に指定されていたものです。戦後になって世に出てきたときにはガサガサの地肌になっており、それでも名人が研いだことは誰もが承知していましたから怖くて手を着けません。たまたま私が親しくしていただいていた愛刀家の元に納まったために、私が研がざるを得なくなってしまったのです。

　念を入れて研いでみますと、素晴らしい地鉄で、まるで粟田口物を見るようです。これは想像するところ、平井先生の研がれた当初は最高の状態であったのが、地鉄の良さを見せるために起こした研ぎと知らず、不用意な手入れを繰り返したためでしょう。名刀を名刀として長く鑑賞するためには、刀の状態を深く配慮して手入れをするということを心得る必要があります。

　平井先生の研ぎをこういう形で身近に体験したことは技術的な勉強にもなりましたが、同時に研ぎの怖さも痛感しました。名人と言われた方の手がけたものをあらためて研ぐ場合は、謙虚な気持ちで、よく吟味もし、よほどの覚悟をしてかからなくてはいけません。

　包永の刀がそうなのではありませんが、刀そのものが五の力であって、研ぎによって一〇にもなっている例は少なからず存在します。それを研ぎ直す際には、多少研ぎも古びてきています。にもかかわらず、元の状態が読めず、名人が研いだというが物足りない、自分が研げばもっと良くなるはずだ、などと不遜な気持ちでかかると、刀そのものの力さえ発揮させ得ない惨めな結果になります。

平井研ぎの大成に杉山茂丸先生の存在が大きな影響をもたらしたことは申しましたが、昔の愛刀家の中には仕事にもうるさく、事実目利きだった方がずいぶんおられました。

職人と客という関係に加えて、人間対人間の付き合いがあったような気がします。若くて未熟な研師でも、かわいがってもらって、それなりに一生懸命誠意を尽くします。それで研ぎが良ければ喜んでもらえば励みになって、悪いときには「せっかく一生懸命やってくれたが、ここのところは気に入らないからやり直してくれ」とはっきり指摘し、研師の成長を楽しみに見守ってくださるような面もありました。

目が利きますから、職人の仕事に厳しいのは当然です。柄巻きの方などに聞いても、「できました」と言って持参すると、目の前で柄糸を切り裂かれてしまうことがあったそうです。どこが気に入らないのかも言ってくれないので、とにかく気に入ってもらえるまでやり直すしかなかったわけです。常にそういう方たちの目が光っていますから、たとえ初心の方相手でも手抜き仕事などありませんでした。

現在でも目利きの方はたくさんおられますが、利口ですから、文句を言って嫌な顔をされるよりは黙って代金を払い、気に入った仕事をしてくれそうな職人のところへその足で行くことさえありましょう。頼まれた職人は意地でも前以上に研ごうとします。結果は愛刀家にとって満足のいくものかもしれませんが、時代相とはいえ、寂しい限りです。

昔は愛刀家に本職以上の物知りがいたばかりでなく、職人同士もお互いに口うるさかったものです。職種は違っても年輩者は全体の長老的存在であり、またそれぞれの職人は面目にかけても、ほかの職人にケチをつけられるような仕事はするまいという覚悟がありました。

今は、愛刀家ばかりでなく職人の中にも、錆身を平気で鎺《はばき》や鞘《さや》に回す者がいます。白鞘の糊着けに続飯《そくい》でなくボンドを使ったものも見ます。この場合、割り鞘をするのに非常に苦労します。ただ作ればいい、納めたらあとは知らない、という無責任なことでは困ります。お客さんや周りの黙認に甘えず、刀のために自重していただきたいものです。

昔を尊んでばかりいると、現代にそぐわない、時代遅れだとの反論も出そうです。確かに全部を昔通りにやることは不可能ですし、非合理的なところもありましょう。昔のいいところは現代に調和するように取り入れ、今やっていることで悪いところは改め、今後の新しい職人道を考えていく必要がありそうです。

相州伝各期の特質とその研磨法について

相州上位作と相州伝一般作との差異

前節では全般的な研磨の方法や工程ごとの要所について述べましたが、ここでは作風の違う個々の刀匠に触れたいと思います。同時に研磨を通して感じられた地鉄や刃文の特質を、主として相州伝上位作と比較しながら、率直に述べてみるつもりです。

相州伝の完成は、鎌倉時代末期の正宗によってなされます。正宗の親とされる行光は作域も広く、事実上の創始者と見るのが妥当です。

文献によれば、相州鎌倉にも土着の刀鍛冶がおりますが、現存する作品も少なく、研究も進んでおりません。行光以前に存在が明らかなのは新藤五国光・国広らです。当地に移住して鍛刀したという備前の三郎国宗や一文字助真、山城の粟田口国綱も、作品で見る限り本国打ちか相州打ちかの区別はつけ難いものです。

●鎌倉時代の相州伝

新藤五国光はほとんど山城伝と見てよく、行光以降にそれが強化され、相州伝となる萌芽を感じさせます。藤四郎吉光などの短刀とは、内反りの姿で、地鉄も詰み、湯走りが交じり、直刃を焼き、ふくらから帽子辺りに沸こぼれがあって、よく似ています。

これを研ぎの面から見ますと、吉光に限らず粟田口物の地鉄にやや錬りすぎの感があるのに対して、新藤五はサラッとしています。健全な粟田口物は別として、疲れたものの地鉄をこなすのは厄介ですが、新藤五は少々の疲れなど目立たないくらい良く仕上がります。非常に研ぎやすく、研ぎの工程が進むほど良くなってきます。

たいていの場合、内曇砥を引き、地艶をかけた時点が最高で、拭いをいれるとガクンと見劣りがし、研いでいてがっかりするものです。ところが、新藤五は拭いを入れるとさらに良くなり、刃取りをするとグッと冴えてきます。貞宗にしても同様で、研ぎに引き込まれてしまいます。

相州上位の地鉄は、おそらく日本刀の中で最高でしょう。もともとが晴れていますから、よく研げばその通り秋空のような澄んだ地鉄が現れてきます。行光以降は研ぎの面からも新藤五とは趣が異なってきますが、それでも少々の疲れがあっても研ぎ栄えがします。厚く一面に沸がついているものが多く、疲れているようには見えません。

行光・正宗・貞宗の三者の作風を比較しますと、まず行光は創始者であるだけに作域が広く、器用で上手です。正宗が波状的であるのに対して、働きが小模様でそれほど華やかにはなりません。刃中に砂流しがかかるなど、相州伝の中に大和伝風のところもうかがえます。貞宗は完成した相州伝を継承して丹念に鍛え、まじめで温厚な人間性さえ感じさせます。

これらを研ぐには、基本の手法は同様ですが、正宗は華やかさを心がけ、行光はややおとなしく、貞宗はあくまで忠実に表現するなど、刀匠の個性におのずと合わせていくことになります。

相州上位の作品を見ると地刃に華やかさと強さがあり、感覚的には相当締まった硬さを想像させます。ところが実際には、砥石がよく乗り、砥当たりが良く、非常に軟らかいものです。新刀や新々刀はもちろんのこと、初期の日本刀や山城物の一部を除く各伝法の作品に比べても軟らかく、かつ複雑な地鉄の性格を持っています。

●相州物の研磨

そのために、研ぎ栄えがするとは申しましたが、研ぎ自体は決して容易ではありません。ほかの伝法であれば、それなりに研ぎ上がりますが、相州物はその刀に匹敵する技術を持っていないと、はっきり仕上がりに差が出てきます。また、相州物の研磨法が先達によって開発され、そのイメージが定着しているために、それに沿った研ぎもしなくてはならないようです。

新刀以降のもののように地と刃の硬度差が極端でない半面、地鉄と焼刃のそれぞれの中で微妙な硬軟があり、注意しないと凹凸を生じさせかねません。下地研ぎが前工程の砥石の目を取ることだけだと心得ていると、極端に刀を減らしてしまう危険性もあります。

相州上位の場合、一般に肌を出すには硬めの砥石を用います。ほかの刀に使って適当だったという程度の硬さの砥石では、なかなか肌が出てきません。どんな砥石を選び、どのように使っていくかが最も重要です。

しかも、内曇地砥までの段階で十分に肌を出し切っておかないと仕上げもうまくいかず、また仕上げを誤ると肌が沈んでしまい、細名倉辺りまで返さないと起きてこないことになります。

地艶もあらかじめ用意しておき、よく吟味して使います。ほかの伝法だと肌もよく出るし、地鉄も黒くなっていく最高の地艶でも、相州物に合うとは限りません。むしろ予想以上に硬い鳴滝砥が合うことが多いものです。ところが硬くて弾力性に富むものは、きわめて少ないのが現状です。また、硬い地艶で軟らかい地鉄をこなすためにヒケがつきやすいのも実に厄介です。

新刀期の相州伝で健全なら、地鉄そのものが硬く、これを良く研ぐには手間をかけるのが大事です。地艶の選択が適当でなくて取り換えても、時間をかければ良くなってきます。ところが相州上位作はまず一回勝負と言ってよく、内曇砥で起こした肌に合わない地艶を使ったらベタベタの無地風になってしまい、いったんそうしてしまったら良い地艶に代えても、もう理想的な肌にはなりません。

不思議なことに、新刀相州伝の金筋や稲妻は周囲と硬度の差があるために、突起して光って見えます。相州物にはその格差がなく、普通に研いでは引っ込んで目立たなくなってしまいます。地刃の大切な見どころを引き出すにも、それなりの研ぎの工夫が必要です。

●南北朝時代の相州伝

広光や秋広になると、地鉄の質は全く変わってきます。いわゆる地鉄の強さがありません。肌立って潤いが乏しく、硬くて粘りが少なく、刃文も皆焼《ひたつら》風が多く見られます。鍛法ばかりでなく、材料が根本的に異なるのかもしれません。

これらを正宗のときと同様に研いでも、必ずしも潤いのあるきれいな地鉄にはならず、適切な研ぎ方を心得なくてはなりません。しかし一般には、同じ系統でもあり正宗に近い地鉄であろうと思われていますから、研ぎで補っていく必要が出てきます。もちろん根本が違いますから正宗にはなり得ませんが、一見してそう見える研ぎをすることは可能です。

相州伝の地鉄のこなしには、次のような例が考えられます。内曇地砥を引いたときの地鉄に関して、新藤五国光から貞宗辺りまでの相州上位作をA、南北朝時代の広光・秋広・長谷部などの相州伝作および相伝備前をB、相州伝本来の理想の地鉄をCとして説明致します。

Aはこの段階で可能な限り地肌を出していますが、以後の工程でも一層地肌を出すように心がけて研ぐとCに近づいていきます。刀自体に備わった要素があるわけですから、研師にそれだけの技術があればAはCに一致します。

これと同様に地砥を引いたのでは、Bはがさついた肌で収まりがなく、いわゆる腰のない状態になってしまいます。この時点でも軟らかめの砥石を使い、抑え気味にしていますが、以後もできるだけ地肌を抑える心持ちで研いでいきます。要するに、AとBの以後の所作は全く反対のものです。この結果、BがCになることはあり得ませんが、それに近い状態にすることは可能です。

このほか、まれに地砥の状態と理想の地鉄が一致するものがあり、この場合はそのままの状態を最後まで維持すればよいわけです。

刀にはすべて、国柄や伝統に共通する地鉄の色合いがあります。名刀であれば研いでいて自然に青黒い地鉄になり、刃も白くなります。当然、その反対の刀もあります。

研師が刀の持ち味を無視して研ぐことは絶対に許されませんが、長所も短所も個性だからそのままに研ぎさえすればよい、と言うのも極論です。例えば、ガサガサの肌が本来のものだからその通り研ぎました、と言っても、見る方は満足しません。やはり、できる範囲の中で落ち着いた地肌と色合いにしていかなくてはならないと思います。

吟味して見ればガサガサの肌で冴えない色合いであっても、一見したときには素晴らしく見えるように技術で補っていくのは、研師として当然の配慮ではないでしょうか。理想的なものに見せるため、また見る人のイメージに合うようにするため、どんな刀でも多少は技術的所作が行われているものなのです。

各期の砥当たりと刀の判断

古刀と新刀は見た目ばかりでなく、研いだ感じからも差があるものです。新刀初期と戦国時代の刀とはかなり近い砥当たりですが、南北朝時代以前とは全く違います。南北朝時代と鎌倉時代とでも違います。

鎌倉時代は日本刀の全盛期と言われるだけに、地鉄の質も最高の水準にあると思います。国による砥当たりの違いもあり、中でも相州上位は最も軟らかく、備前物は刃文の焼き幅が広いだけに比較的硬いものです。また、同じ山城でも粟田口と来では異なり、大和の手掻と尻懸などの差も顕著です。

もちろん砥当たりの中には硬軟ばかりでなく、粘りとか砥石の乗りなども入ってきます。硬くても砥石がよく乗って粘りのある地鉄もありますし、軟らかくてもサラッとしているものもあります。新刀以降では地鉄が硬いと砥石が反発しやすく、軟らかいとベタベタした感じがする刀が多いことは、古刀との大きな違いだと思います。

従って、新刀で大磨上《おおすりあ》げ無銘にされ、相州上位や備前物などに見せかけたものは、研ぐことによってても馬脚を現してしまいます。

●化ける刀

新刀の中でも古刀に改ざんされやすい刀匠は、昔からよく挙げられています。例えば、大与五国重・出羽大掾国路・飛驒守および若狭守氏房・三代康継などは正宗や貞宗・郷義弘に、初代忠吉・伊予掾宗次・山城守国清は延寿や来に、石堂是一は一文字や長光などに化けるとされてきました。

現存する作品から考えて、到底変わり得ない刀匠も指摘できます。国重などは荒沸がついて棟焼きを多く見ますし、本来の相州上工の作風とはずいぶん異なります。それらが紛れ込んでいたとしても、直ちに看破できます。しかし、裏を返せば、出来の優れたものが改ざんされ、化け切れない刀が在銘で残っているのかもしれません。

出羽大掾国銘は研ぎ減ってくると、焼刃が相州物を思わせるようになり、地鉄も肌立ってきます。初代忠吉の初期作、すなわち秀岸銘には小杢目肌で地景が入り、よく沸えて古刀を思わせるものがあります。薩摩刀にも、正清や元平ではなく、湾れ調に焼いた波平に素晴らしい地鉄で貞宗を思わせるものがあります。南紀重国には、手掻など大和物の上位のような趣があります。備前物に化けやすい刀としては、石堂是一や多々良長幸よりも日置光平が挙げられるかもしれません。

しかし、いずれにしても新刀は新刀です。それに近い地鉄・刃文・帽子を備えた刀を押し崩したとしても、現代の鑑定の水準では直ちにわかります。相当健全な状態でも、古刀のような姿に直すには、全体に砥石を当てることになるでしょう。まず、反りが違います。必然的に減りますし、それでも直し切れず、元先で反りを調節しても反りの線そのものはゆがんでしまいます。

しかし、古い時代に同系統や傍系の作品が一格上がっているのは十分に考えられることです。相州でも備前でも、延文・貞治期を過ぎて室町時代に移るころは太刀姿でも刀姿でもなく、それらにあるいは鎌倉時代中末期の上位作に極められている例があるかもしれません。

映りの形態から備前伝を考える

備前物の作風の変遷を見ると、誠に興味深いものがあります。古刀期全般を通じて最大の生産地であっただけに、時代の転換に対する反応も顕著で、刀剣史においては定規の役割を果たしていると言われるのも納得のいくところです。

●備前伝の機能性

今日の美術的な見地からすると、頂点は何と言っても鎌倉時代中期の一文字や長船派でしょう。古備前や古一文字の古調な作風から完全に脱皮し、匂本位の丁子乱れを高く華やかに焼き、地には映りがあります。これが、末期には片落ち互の目や、丁子乱れと互の目乱れを交えた刃を多く焼くようになり、やがて相伝備前に変化していくのは象徴的です。

相州伝の勃興などもこの期ですが、そういうものを喚起したり、変革を促す要因が社会情勢の中にあったのでしょう。最も有力視されるのが文永・弘安の役です。日本刀がこれまでに経験したことのなかった外国の戦法と武器の前に、何らかの欠陥を露呈したのかもしれません。

鎌倉時代中期の備前物の機能性は、それ以前のものに比べて著しく向上していたはずです。丁子乱れは土置きの構成が最も複雑ですが、それを幅広く完璧に焼き、映りをも表すのはかなり高度な技術です。刃は十分な硬さを持ち、杢目肌に鍛えた地鉄や映りと相まって、当時は最高の機能を発揮し得たものでしょう。

ただ、ややもすると刃の中が均一な硬さになりがちです。焼き幅が広ければ広いだけ、折れる危険性が増してきます。地鉄と焼刃との関係は原則として、大模様の刃を焼くときには大模様に鍛え、小模様の地鉄の場合は小模様の刃文を焼きます。この兼ね合いは刀を用いる対象によっても違ってきますが、極端に調和を欠くと危険を伴います。

新刀期以降、小模様の地鉄に大模様の刃を焼いているものは、芯鉄などとの組み合わせで弱点を補っているのでしょう。

一文字の刃の硬さが均一であることは、研いでみてわかります。それと、意外に刃切れが多いものです。棟に刀傷があるものには、多く刃切れが見られます。

●映りの考察

映りは匂本位の刃文と深い関連がありますが、それだけに限りません。新藤五国光や来の短刀などには、焼出しから帽子の返りのところまで棟方に三角形の映りが現れているものをまま見ます。内曇砥を引くとはっきり地鉄に白黒の差が現れ、仕上げの段階でその調和を考慮したり、ムラを抑えるほどです。研ぎ上げたときに見えるほどではありませんが、現代刀の沸物でさえかすかに映りらしい状態を見ることがあります。

備前の一文字や長船に見る映りは、それらに比べてはるかに明瞭で、かつ意識的な操作で表したことがわかります。ということは、映りがあった方が刀の機能を強化できたからでしょう。その方法も時代によりいくぶん異なると思われます。

かつて研いだ一文字に、残念ながら刃中はほとんど染みていましたが、焼き頭の明るさや丁子乱れの調子は素晴らしいものがありました。普通、刃中の染みが目立つものは、刃縁や地鉄にも相当疲れがあるはずです。これを見て、刀匠が刃にする方と棟とを間違えたのではないかと直感しました。焼きのよく入る部分と、焼きのあまり入らない軟らかい部分を組んで、それぞれ刃方と棟方にすべきところを反対にしてしまったために、焼き頭だけにきれいな焼きが入ったのだろうと想像しました。

一文字などの映りは、このように地鉄の組み方からして出しやすいような工夫がなされていたと推理されます。

兼光の時代になると相州伝が加味され、異なる材料を組み合わせた地鉄となり、ちょうどナマズの肌模様に見えて、それに映りが絡んで以前のものとは趣も違います。

南北朝時代までは、乱れ刃の場合は乱れ映りが現れるのを原則としていますが、南北朝時代末期から室町時代になると、刃文のいかんにかかわらず棒映りが見られます。おそらくこの時代には、土取りを主とする方法で映りを出したのかもしれません。

新刀の映りは末古刀とよく似ていますが、それ以前の方法とはかなりの隔たりがあろうと思います。それに、地鉄が硬いために研ぎによって出しにくいものです。

現代刀でも映りを表すことが可能になりましたが、映りと言っても古作に見るものはさまざまで、まだまだ研究の余地はあります。地鉄の特質、その組み合わせ方、土取りの方法、焼入れの操作などの違いが、作品の製作によって証明されていくことを望みます。

映りのある刀を研ぐときには、地鉄を晴らし、肌を出すかどうかで映りの見え方が違ってきます。映りがあるためにどうしてもドンヨリし、地刃に明瞭な黒白の区別がつきません。それを晴らすためには地艶で肌を起こし黒くしていくのですが、そうすると映りは見えにくくなります。その兼ね合いが難しく、また技術的にも工夫しなければならないところです。

その時点で仮に映りが見えなくなっても、消えてしまったわけではありません。時間がたち、手入れを繰り返すうちに地肌が収まって、映りは次第にはっきりしてきます。古研ぎのものに、映りが浮き上がって焼刃のように見えることがありますが、これも最初からではなく時間を経て現れてきたものです。

その点、初めから肌を出すことをあまり目的としない対馬研ぎは、映りのある健全な刀には向いていると評価されます。

研磨から見た各国の名工の特質

研ぎやすいとか研ぎにくいとか言う場合、いろいろな意味が込められています。工程を一通りこなすだけに限ってのやりやすさ、やりにくさ、水準以上に仕上げるのに伴う苦労、特に意識せずに研いでも良くなる刀、どんな方法でも意に沿わないものなど、さまざまです。

研師の仕事自体に規範がなく、これでいいという際限もなく、毎回が目と腕を試されているようなものですから、その日によっても苦労の感じ方が違います。それをならして、名刀が研ぎやすいかと言えば、むしろ苦労を多く伴うものですが、結果が良くなるためにさほどには感じません。

特に新刀期の名刀には〝研ぎにくい〟ものが少なくありません。仮に鈍刀をサラッと研ぐなら気も楽でしょうが、少しでも良くしようとすれば手間を惜しんではいられません。

●美濃物と末備前

現代の研磨法をもってして、最も難しい刀を挙げるとすれば、美濃物と末備前でしょう。両者は戦国時代の主要製作地のものであり、実用的には優れていたはずですが、一部の注文打ちなどを除いて作柄はやや劣ります。これを無難に研ぎこなせるかどうかで、研師の技量も測れるかもしれません。

美濃物の地鉄は元来が白っぽく、従って晴れて見えず、肌もがさついています。一般の古刀なら十分と思われる地艶の使い方でも、美濃物はそれで拭いを入れるとガサッとしてしまいます。それを計算に入れ、伏せすぎと思えるぐらい肌を抑えておいて、結果はちょうど良くなります。

　刃取りにしても、刃文の形が拾い切れないものになっています。互の目なら二つを一つの山に取ると深すぎるし、一つずつ取っても細かすぎます。兼元の三本杉は三つを一つのまとまりとみて取ると深くなりがちです。二つずつ取ることもできません。だからと言って、一つずつ忠実に取ることも大変です。

　そのために、美濃物には対馬研ぎがいいと言われます。しかし、本当に対馬研ぎの効果が現れるのは、上位の健全な地鉄のものに限られるのではないかと思います。

　末備前が難しいのも刃取りです。まず、刃が硬くて、なかなか白くならず、刃艶を効かすのに骨が折れます。腰の開いた乱れが片面で三五から四〇個連なっているとすると、一つ一つを刃取りすることは容易ですが、ほとんど同じ形ですから調和が取れません。三つでも同じにそろってしまったら見た目が単調になり、妙味に欠けます。素直に丸く刃取りしたら、隣りは少し形を変えるとか、美術的な変化を心がけるようにします。

●肥前刀と国広一門

　あまり苦労せず、どなたが研いでも水準以上に上がるのは肥前刀です。

　初代忠吉の秀岸銘時代は作風からも研いだ感じからも古刀に近いものを思わせますが、武蔵大掾銘になると既に規格化していて、それが新々刀まで続きます。これらは姿も良く、地鉄はきれいで刃こぼれすることもなく、刃文も中直刃が多いですから、素直に研いで良くなっていきます。

一門という形態で肥前刀との類似性が指摘され、比較されるのは堀川国広一門です。国広の初期は末古刀に当たり、研ぎ味からすると全く美濃物同様ですが、堀川定住後は新刀地鉄に変わります。そして多くの弟子を擁して作品も多く残しています。

昔は先手を使い、下ごしらえなどを弟子が行ったりしており、現代のように一人の刀匠がすべてやってしまうわけではなく、言ってみればすべての古作は複数の工人の合作ですから、軽率に代作などと呼ぶのは慎まなくてはなりませんが、国広には堀川一門の頭領としての要素が大きかったと思われます。

これに対して、肥前刀は分業が徹底し、大量生産方式が行われたように感じられます。刀は鍋島藩が他国に売る商品で、忠吉や忠広の名は一つの商標的な意味合いもありましょう。従って刀自体も、万人に好まれる商品としての価値を持ち、より低原価で早く、失敗の少ない方法で作られる必要がありました。皮鉄が薄いのは、その一つの現れでしょう。

肥前刀の場合、一般に研ぎやすいとはいえ、芯鉄の出そうな刀は十分に気をつけて研がなければなりません。米粒程度に見えるところが、押していくと意外に大きくなってしまいますし、フクレやキズを研ぎで取ろうとしたら大変なことです。それ以上に広げないよう、あくまで抑えながら研ぐべきです。

何らかの理由で後樋でも彫ったとしたら、樋の中の地鉄はガサガサになってしまいます。元来の樋は、そのように地鉄を組んでおいて彫ったものですから、樋内もきれいで、一目で区別がつきます。

●虎徹と類似工

はっきり申し上げて、新刀で意外に研ぎにくいのは虎徹です。地鉄は非常に硬く、細名倉砥にしても内曇砥にしても最初はなかなか乗ってくれず、それを効かせるには、よほどの体力と技術を要します。が、地刃には粘りがあり、刃は硬くても白くなり、研ぎ栄えがします。

そこに虎徹の面目躍如たるところがあると思います。普通、新刀以降では硬いと粘りがないものです。そのために、研いでいて刃が欠ける危険があります。薩摩刀などもその例に漏れず、刃が欠ける危険がありますから、刃先に肉を持たせる心持ちで下地研ぎをします。薩摩には最初の一撃で相手を倒す示現流がありますが、その剣法でいけば折れない限り、少々の欠けは短所とはなりません。新刀相州伝の中でも特異な作風が幕末まで続いた背景が、この辺りにもありそうです。

薩摩刀の地鉄の持ち味を出すのも容易ではありません。沸が豊富につき、肌に絡んでいるために地肌自体起きにくく、無地風になりがちです。

大和守安定や法城寺一派、伊勢大掾綱広、三善長道などは虎徹に似ており、虎徹に直された例もあると聞きます。中には出来具合がほとんど虎徹に見えるものがあります。しかし、研ぎ味は全く違います。

虎徹は地鉄が綿密で粘ります。沸の付き方も緻密で、刃中も一層明るいものです。他工は一見同じようでも粗さが目立ちます。中心の錆を見ても、虎徹は一面に密に付いているのがわかります。

初代康継も研ぎにくい方の刀ですが、これは虎徹の場合の意味とは違って、あまり研ぎ栄えがしません。二代以後は小杢目肌のきれいな新刀地鉄で、研ぎに骨を折っても成果が上がるのに対して、初代は地鉄が特有の北国鉄で黒ずみ、肌立って、冴えません。そのことと南蛮鉄との関連があるかどうかは即断できませんが、この辺りが初代康継の特徴です。

●繁慶と相州物

微妙な差はあれ新刀全般に共通した研ぎ味がある中で、繁慶だけは全く違います。非常に軟らかく、正宗や則重を思わせるところさえあります。しかし、鉄砲鍛冶の出身で、銃身が割れないように軟らかめの鍛えをする手癖が刀にも現れたためか、地鉄に締まりがありません。

則重なども繁慶と同様に地刃の区別がないように見えて、きわめてよく沸え、光に透かすと匂口《においくち》は雪のように真っ白く冴えています。繁慶も新刀期では一級の名工には違いありませんが、相州上工には程遠く、むしろ相州上工作の不思議さに感服してしまいます。

一般の新刀は地鉄が硬いですから、研ぎ上げたあとで手入れを繰り返してもキズやヒケがつきにくく、研ぎも長い間ぼけません。繁慶の場合は軟らかいために打ち粉をかけるとキズつきやすく、ぼけてしまいます。打ち粉をかけて丁子油を取ろうとしても、サラッと拭い切れない面があります。

それを長くぼけないように保つためには、あらかじめ地艶や刃取りで操作しておかなくてはなりません。もっとも、手入れ程度でぼけやすい刀ですから、初めから晴れた研ぎをするというのもなかなか大変です。

●助広と真改

これら江戸新刀に比べると、大坂新刀にはやや異なった趣が共通しています。助広は濤《とう》瀾《らん》刃《ば》を創始した名工であり、真改も華やかな点では並びます。虎徹には及びませんが粘りもありますから、実用上の不足はなかったと思います。

助広の研ぎも決して容易ではありません。下地研ぎからほかとは違った気配りが必要です。鎬は低く、地と刃の硬度差がある上に濤瀾刃は出入りが激しいですから、これを平らに研ぐのが大変です。それでいて地鉄そのものも軟らかくはありません。仕上げで細かい肌を出すのも手間がかかりますし、刃取りは形を作っていくまでに骨を折ります。が、いったん刃模様を形作ってその中を丹念に刃艶でならしてやると、あとは真っ白になります。

助広の地鉄の色合いは素晴らしいものです。地肌も非常に細かく、出来立てはほとんど無地に見えたことでしょう。後世、幾多の刀匠が濤瀾刃を試みていますが、前述した虎徹とほかの類似刀匠との関係と同じく綿密さが全く違います。手柄山正繁や水心子正秀は比較にならないくらい粗く、沸の付き具合もムラがあります。水戸の市毛徳鄰は、地鉄の本質こそ違いますが、研ぎ上げたときに助広と同じように見える点で評価できます。

仮に現代刀匠が助広を狙うとすれば、こんなに細かく鍛えては無地鉄になってしまうのではないかと思うぐらいでちょうど良く、そこに沸を緻密に付かせることでしょう。

真改は湾れ調でよく沸づいており、健全な刀に限るなら助広よりは研ぎやすいと言えます。疲れたものですと難しくなってきます。

真改を研ぐ際に注意したいのは切先です。先端部から返りにかけて、下の刃文より硬く感じます。姿を詳しく見ると、切先の釣り合いの取れていないものがあり、かつて欠いてしまったことがあるのかもしれません。

これに対して、鎺元が割合に硬いのは一竿子忠綱です。刃区付近がすぼんでいたり張りが足りなかったりするものの中には、刃区を欠いたものが含まれるかもしれません。

●刀匠の評価

一竿子は彫刻があることで評価されるきらいがありますが、作刀技術そのものに限っても、もっと評価されて当然だと思います。地鉄もいいし、研ぎ味もいいし、研いでいて良くなるのがわかります。優れた作刀技術に加えて彫刻もできるというのは非常な強みで、一層刀の価値を高めていると思います。

現代の一つの風潮で、器用に何でもこなすよりも、あることに熱中する方を心情的に支持する傾向が見られます。新々刀の直胤と清麿とで比較すると、直胤はいろいろ試み、それをすべて水準以上に体得してしまう器用さがあり、清麿には苦労して積み上げた刀作りの信念というものが感じられます。直胤型に属する刀匠としては水心子正秀や康継・月山貞一、ある意味で一竿子や栗原信秀がおり、清麿型には仙台国包・虎徹・繁慶などが該当すると思います。助広・真改などにしても一つの明瞭なものを持っている点では後者に属するのでしょう。

もちろん刀の好みの問題もあり、一点ごとの技量の巧拙もありますが、いろいろな分野を水準以上にこなす器用さも立派な技量ですし、私はもっと評価してやりたいという気がします。

以上のほかにも名工はたくさんいます。南紀重国は姿こそいくぶん異風ですが、作柄は新刀屈指で古刀に近い感じがあり、研いでいても良くなっていくのがはっきりわかります。肥後守輝広は地鉄が素晴らしく、政常も上手です。位列は一流ではなくても、個性的な名刀を残している刀匠の多いのが新刀だと思います。

第五章

明治・大正の刀剣社会と光遜先生のこと

本阿彌光遜先生（昭和15年、60歳当時）

焼失した本阿彌家留帳

光遜先生の生い立ち

天性の話し上手

昭和九年（一九三四）に本阿彌《ほんあみ》家に入門してから、昭和三十年七月に光遜《こうそん》先生が亡くなられるまで、約五年間の戦地生活による中断はありますが、私は先生の身近にあって長く薫陶を受けてきました。日本刀の研磨や鑑定のことはもとより、修業中は日本の歴史から読み書きの素養、日常の所作に至るまで、厳しいながらも親身の教えをいただきました。私にとっては、上級学校に勝る修養の場であったと思っています。

先生は、本阿彌家中興の祖と言われる光徳《こうとく》の再来と評されることがあります。名跡を継いだ以上、権威はあってもかつてのような鑑識の裏付けが次第に薄れ、明治維新後はすっかり没落してしまった「本阿彌」を復興させようというお気持ちは少なからずあったでしょう。しかし、そのことよりも、まず刀を盛んにすることが、常に念頭を離れなかった先生の大事でした。古今の刀剣界を話題にするときも、先々のことを考え、刀が悠久の命と心を持ち続けるために自分たちが何をすべきか、腐心しておられる様子がありありとうかがえました。

時に、私たちにも肩の凝らない昔話をしてくださることがありました。先生は講演や鑑定の講評のときばかりでなく、普段でも話術の達人でありました。同じ話題でありながら何度聞いても面白いのです。同じ筋書きを期待していると、登場する刀をわざとすり代えてしまう当意即妙の技もお持ちでした。

話し上手の一面を物語るエピソードも残っています。

三井の同族会は三井系企業の集まりとして今もあるそうですが、かつて一一家の当主が集まった席上、先生のことが話題に上ったそうです。

「君のところに最近本阿彌が出入りしているそうだが、あの男には気をつけた方がいいぞ」

聞いた方は、どこか良くない人間を近づけているかと疑い、「それはどういうわけだ」と聞き返しました。

その答えは、「とにかく刀の講釈はうまいし、聞いていると刀のことがよくわかる。ところが、深入りしすぎて、知らず知らずのうちに刀を持たされてしまっている。あの話術には気をつけた方がいい」というものでした。

次の話は私の入門する少し前のことで、先輩の宮形光盧《こうろ》さんが書き残しています。ときどき研ぎや鑑定の依頼のあった某親分が、ある日ものすごい見幕で黒門町に乗り込んできて、「次第によっては本阿彌光遜を殺してしまう」と大声で威嚇したそうです。あまりの勢いに弟子たちは色を失って右往左往するばかりでしたが、先生は「とにかくお話ししましょう」と、客間ではなく自分の居間に通しました。それから三時間後、先ほどの見幕はどこへやら、客人は上機嫌で帰っていきました。

一部始終を見ていた古くからの愛刀家・伊坂誠之進さんは「いや、今日という今日は君らの師匠の弁舌に全く驚嘆した。天性の快弁だよ」と語ったそうです。

ただ口が上手なだけの人でしたら、世の中にはたくさんいます。話術の巧みさは一歩誤ると、詐欺師のように人を害する側面もあります。先生が多くの人から絶大な信頼を寄せられていたのは、刀のことと刀を愛する人のことを心底から考え、情を尽くしたからにほかなりません。そこから、初めて会った人をも引きつけずにはおかない「味」がにじみ出ているのでした。

長年にわたって繰り返し聞いたことを思い出し、活字になったものも参考にしながら、光遜先生と往時の刀剣界についてこれから記してみたいと思います。

父君・孫太郎さんの研師修業

光遜先生は、元から本阿彌姓だったのではありません。

ごく古いところは先生にもわからなかったようですが、おじいさんは川口欽次といい、川越藩松平大和守侯に仕える藩士であったそうです。亡くなったのはこの方が九七歳、おばあさんが九八歳といいますから、当時としてはお二人とも大変な長命でした。

欽次さんも研師で、対馬拭《つしまぬぐ》いの名人であったそうです。相当な飲酒家で、片時も酒なしではいられない。満たされた一升徳利が細工場《さいくば》に置いてないと仕事に精が出ない――奥さんはその辺の呼吸を心得て、常に酒の用意をしておいたそうです。その一升を冷やでグイッとやり、それからおもむろに仕事に取りかかるのが日課でした。

酔いが回ってくると、踏まえ木に乗ったままでコックリ、コックリ始めます。立て膝になっているその膝頭にアゴを乗せて、夜舟をこぎ、そのうちに大イビキをかく段になります。しかし、眠ってはいても刀はしっかり握り、研ぎの手を休めることはありません。雷のような大イビキを発しながら研ぎを進めてゆくのを見ても、少しも危ないと感じたことはなかったと、光遜先生はおばあさんからよく聞かされたそうです。

お父さんは弘化三年（一八四六）七月の生まれで、本名を孫太郎といい、後に欽明《きんめい》と名乗りました。先代の本阿彌光賀《こうが》さんに入門したのは二十一、二歳のころで、川越をしばしば訪れていた光賀さんに「江戸に出てこい」と言われたのがきっかけであったようです。

光賀さんは、本阿彌一二家のうちの光味《こうみ》系一〇代目七郎右衛門光白《こうはく》の弟で、幼名を知三郎といい、水戸家に抱えられて「水戸本阿彌」と言われていました。維新後は茨城県士族として東京・向島に住み、刀のことよりも建築や造園の設計で羽振りをきかせたようです。

美男とは到底言い難く、いわゆる「二度びっくり」だったそうですが、新しがりやの舶来品好きで、小さな羅紗《らしゃ》のマントを着けて靴をはき、洋傘をさして歩くのが好みだったといいます。これが当時の先端のファッションで、歌舞伎の五代目菊五郎の島千鳥の服装は光賀さんのこれを真似したものでした。また、妻君は柳橋で嬌名をはせた粋人でしたが、光賀さんが藤八拳で菊五郎に勝って落籍された方だったそうです。光賀さんと菊五郎とは、どうも事ごとに張り合っていたようです。

それはともかくとして、お父さんの孫太郎さんが修業に出たころの光賀さんの家は上野不忍池《しのばずのいけ》の水際にありました。その家の門口や庭には飛び石が置いてあり、これらを一つ残らず亀の子タワシできれいに洗うことが孫太郎さんの重要な朝の任務でした。石が光っていないと、光賀さんは青筋をビクビクさせて怒ったそうです。

よほど神経質で潔癖な方だったのでしょう。こんな話も伝わっています。

そのころの主な刀屋さんには、「赤鼻」こと町田平吉さん、「紙又」といわれる紙屋又兵衛さん、現在の服部《はっとり》美術店の三代前の服部伊三郎さん、松本某さん、それに網屋さんなどがおられましたが、一番有名だったのは「萬六《まんろく》」こと萬屋六兵衛《よろずやろくべえ》さんでした。この方も大の酒好きで、酔っていないときの方が珍しいくらいだったそうです。

この萬六さんが年始の挨拶に来たときのことです。当然お酒が入っています。座敷に上がってお決まりの挨拶が済むと、萬六さんは腰から鉈豆煙管《きせる》を取り出して一服やり始めました。光賀さんは煙草《たばこ》が大嫌いでしたし、酔って覚束ない萬六さんの手元が気になってしばらく注視していましたが、そのうち席を外しました。吸い終えた萬六さんは火玉を火鉢に落とそうとしましたが、手元が狂い、畳の上に転がしてしまいました。これはまずいと思ったか、座布団をかけて、知らぬ顔を決め込み、そのまま帰ってしまいました。

数日して萬六さんが訪ねてみると、確かにつけたはずの焼け焦がしが見当たりません。さてはこの畳だけ替えたなと思っていますと、光賀さんは「貴様が焼け焦がしを作ったから、座敷の畳は全部取り換えたのだ」と言ったそうです。

また、光賀さんがよそに泊まるときには、大判の美濃紙をたくさん持参し、それを布団の上に敷き込んで休んだそうです。はいて出た日和下駄《ひよりげた》をその都度、自分できれいに洗ったという話も伝わっています。

光賀さんという人は一言で言えば変わり者で、好悪の感情も激しかったのですが、孫太郎さんは一生懸命努めたので「太郎、太郎」と殊のほかかわいがられ、男子のない光賀家の養子に懇望されました。孫太郎さんはそのとき既に五人扶持を賜る身であったので、主家に伺いを立てると「他家に出ることはまかりならん」となり、光賀さんもずいぶん残念がったようです。

その間の慶応二年（一八六六）、松平大和守直克侯は前橋に転封になり、孫太郎さんも前橋藩士と呼ばれることになっていました。修業を終えて国に帰ると、間もなく、廃刀令が発布されたといいますから、光賀さんの元にいたのは約一〇年と考えていいでしょう。

父子二人だけの上京

前橋での暮らしは相当に厳しいものだったと思われます。明治維新によって藩士の特権はなくなり、所持金もたちまち底をつきます。苦労して覚えた研磨は、廃刀令後は研ぎ代が微々たる上に、依頼もまれにしかありません。そのころ孫太郎さんは、同じ前橋で半農半商の小谷彌兵衛なる方のところに養子に入ったといいます。改姓をしなかったのは士族であったからかもしれません。そこで生まれたのが光遜先生でした。

明治十二年（一八七九）四月二十九日早朝、現在の前橋市向町で呱々の声を上げた男の子は、取り上げた産婆も驚くほど体が大きかったそうです。名前は「定吉《さだきち》」とつけられました。孫太郎さんは三三歳になっていました。

一時は生糸の取り扱いを家業としていましたが、あまり芳しくなくて廃業し、床屋を始めました。これも、どうも孫太郎さんの本意ではなかったようです。

あるとき、成田山へお参りに出かけた帰途、久しぶりに東京に出て光賀さんに会い、光賀さんの甥の本阿彌忠敬《ちゅうけい》さんの家にも立ち寄りました。忠敬さんは光味系一一代に当たり、光賀さんにとっては本家です。その忠敬さんに「どうだ、東京に出てきて研ぎをやらないか」と勧められて孫太郎さんの心は動きました。前橋にこのままいても展望はなく、仕事さえあるなら技術を生かしたいと思うのは自然です。忠敬さんは「悴《せがれ》も刀が好きなら、やはりこの仕事を仕込むがよかろう」と、重ねて勧めたそうです。親族は「今さら刀でもあるまい」とそろって反対でしたが、孫太郎さんは決心を曲げませんでした。

家族を残し、光遜先生がお父さんと二人きりで上京したのは明治二十四年、一二歳のときでした。上野に着いて、雁鍋で食事をしたそうです。戊申戦争（一八六八）のときに、官軍がこの店の屋根に大砲を引き上げて山上の彰義隊に撃ち込んだという話を聞かされながら食べた味が忘れられないと、光遜先生は晩年までよく話しておられました。

その足で青石横丁の忠敬さんを訪ねました。青石横丁とは、文字通り青石があったところから呼び名となった通りで、昔は伊藤呉服店といった松坂屋の御徒町寄りを横に入ったところにありました。この界隈には刀剣関係者が多く、松本さん・服部さんの両刀屋さんが向かい合わせにあり、名人研師の本阿彌平十郎さんがいる、金工の加納夏雄さんも貧乏暮らしをしているといった具合だったのです。

孫太郎さんは「上京してきたのでよろしく頼む」と挨拶されたそうですが、忠敬さんは「そうか」と言ったきりであったといいます。その晩はとりあえずそこに泊めてもらい、光遜先生は息子の彌三郎さん（後の天籟《てんらい》さん。本阿彌光次さんのおじいさん）と一つ布団で休みました。この忠敬さんは研磨も鑑定も近来の名人と言われていましたが、やはり相当に変わった方でした。

明治十年代の本阿彌家のうち刀で糊口をしのいでいけたのは、本阿彌平十郎・成善《なるよし》（後の琳雅《りんが》）さん親子、加賀本阿彌の長識《ちょうしき》さん、光達《こうたつ》系九代の竹中公鑒《こうかん》（本阿彌徳太郎）さん、それに忠敬さんぐらいのものでした。

忠敬さんには後に首相を務める黒田清隆さんの絶大な贔屓《ひいき》があって、宮内省から、出仕して御剣《ぎょけん》の研ぎをするように命が下りました。日給一円二五銭といえば当時は大した報酬で、特にこの時期の研師にはノドから手が出るほどのいい話です。ところが、どういうわけか、忠敬さんは出仕を渋ったのです。

朝食をいただく前に、忠敬さんは正座をして丁重に頭を下げ、「母様《かかさま》、御酒《ごしゅ》を」と必ず一本所望するようになったそうです。謹厳な家庭で、お母さんも賢夫人と言われる方でした。初めは聞き入れなかったものの、それで出仕するならと折れました。

すると、一口ちびりと飲んでは、煙草を一服し、肴《さかな》をつまんで持ち上げても口に入れず、また元の皿に戻してしまいます。心尽くしに添えられたごちそうの生卵などは、殻だけを眺めてしばらく過ごし、銚子を振ってみては、また一服するといった具合です。そのうち、一合の酒をお代わりするようになりました。そして「母様、今日はお休みにします」と、出仕を取りやめてしまうのでした。こんな調子ですから、御剣の菊御作《きくぎょさく》一振を研ぐのに一カ月余りも要したといいます。世間ではこれを単なる怠け者と見ますが、名人と言われる中にはその昔、こんな人もいたのかもしれません。

そんな状態でしたから、母上と彌三郎さんとの三人家族であったにもかかわらず、見るからに貧乏でした。軒は傾き雨は漏る、畳は破れて襖《ふすま》はバラバラ、主人のヒゲも髪も伸び放題、鑑定や研ぎに送られてきた荷物は開きもせずに投げ出してある、刀簞笥《たんす》には錆びた刀がいっぱい入っている、というありさまだったようです。

それなら孫太郎さんに仕事を回してくれてもよさそうですが、誘っておきながら、面倒を見たり気遣ったりしてくれることは一切ありませんでした。これには困りました。

忠敬さんの妹さんのご主人である津川頼隆さんのお世話で近くに小さな住まいを借りましたが、研ぎも鑑定も一向に回ってきません。たまに研ぎが来ても一刀一円ぐらい、なじみの萬六さんなどは七五銭しか支払ってくれず、ほとほと弱って前橋に引き揚げるつもりにさえなりました。しかし、先祖の家業を復興しようという熱意を持ち、研師として立つ見込みで親族の反対まで押し切って上京してきた以上、おめおめと帰るわけにはいきません。「自分だけでも残る」という光遜先生の強い一言で、孫太郎さんも観念し、やれるだけやってみようということになりました。

尺八を売って家計を助ける

前橋にいた当時は一日に一二銭だった小遣いも、東京では五銭に減り、光遜先生も子供心に我慢ということを覚えました。忠敬さんの家の戸袋に五銭を載せて、どうして使うかを考えあぐね、ついに一銭も使わないでしまうこともありました。服部さんの店へ行くと必ず二銭銅貨一枚をもらえたので、毎日遊びに行くようになりました。毎日通って、研ぎや刀を眺めているうちに、やがて自分は日本刀で一生を送るのだと宿命的なものを感じるようになったと、光遜先生は後に述懐しています。

時代は刀にとって逆境でしたが、青石横丁に刀の雰囲気はあふれていました。

服部さんの前の松本さんは五厘花屋から刀屋さんになった人ですが、遊びに行くと、刀の中心《なかご》にいろいろな液体を塗っては乾かしたり、こすったりしていました。「おじさん、何をしてるの」と問うと、「これはな、三条宗近と伯耆安綱の合作の錆つけじゃ」などと気安く教えてくれることもありました。ここの刀は、警視総監や各地の県令を務めた三島通庸《みちつね》さんに相当数が納められたそうですが、松本さんの手によって正宗・郷義弘・安綱・粟田口などに〝大出世〟した刀も少なくなかったようです。

また、タンパンで地鉄の肌を出す方法を開発したのもこの方だと聞いています。「妙法刀」と称して、地鉄に南無妙法蓮華経と書いたり、竜を描いたりした刀を売ったこともありました。

光遜先生は前橋にいたころから稽古をしていた尺八に、相当に自信を持っていました。これはお父さんの道楽の影響だったらしく、作り方も習い覚えていました。この芸が少しは生活の足しにならないかと考え、門付《かどづけ》を始めました。しかし、自称天才少年の秘曲に耳を傾けてくれる人はおりません。

半ばあきらめかけていたある晩、吉原の角海老の前に立って、いつものように一生懸命吹き始めました。しばらくして、二階の窓が開き、紙包みが投げられました。そのときの光遜先生のいでたちは、ツンツルテンの着物に朴歯というものでした。後に大成する少年と、派手な衣装に白粉《おしろい》の年増女性との取り合わせは、あたかも長谷川伸の『一本刀土俵入り』の一場合を彷彿《ほうふつ》とさせます。

初めて得た門付料は、意外にも一円という大金でした。一時は天にも昇るような気持ちでしたが、冷静に考えると、子どもの門付で収入が続くはずがありません。そこで、一計を案じました。この一円のうちの六〇銭を元手として青竹を買い、尺八を作って、人出の多い縁日に売ろうという計画です。

最初は芝の愛宕《あたご》下の縁日でした。露天商の組合に入っていないにわか商人が、そこでは駄目だ、ここは邪魔だと追い払われて、ようやく確保できた場所は女坂近くでした。箱を二つ置いて板を渡し、尺八を並べて、ようやく臨時店舗の開店です。光遜先生が尺八を吹いて客を寄せ、孫太郎さんが店番です。初仕事のこの日は妙に当たり、持参した尺八はすべて売れてしまいました。これに勢いを得て、その後も各地の縁日に荷車を引いて親子で出かけることになりました。

孫太郎さんの研ぎ代の方は相変わらずでしたが、少しずつ仕事も出てきて、次第に尺八売りの手伝いは難しくなってきました。孫太郎さんが研ぎ、光遜先生が尺八売りと分かれ、二年も過ぎると、生計は目立って良くなりました。このころにはお母さんとお姉さんも前橋から上京し、親子水入らずの日々が送れるようになりました。

青石横丁での年の瀬

同じころ、津川頼隆さんから進学を勧められ、書生として家に引き取ってくれることになり、光遜先生の生活はまた一変したのでした。

ところが、間もなく津川さんの勤務先の内国通運会社が傾き、書生どころか借金取りの撃退係になってしまったのです。金に困ったことのない人が窮すると余計に悪いことが重なるようで、津川さんは急に酒を飲むようになり、その上、吉原・大文字の錦衣太夫《きんいだゆう》に入れ上げてしまい、全く弱ったことになってしまいました。床の根太板《ねだいた》を外して焚き物にするほど、貧乏のどん底に落ちたのです。

光遜先生も主人の家の金策に苦心したようです。あるときなど、貸し布団屋から借りた寝具を荷車に積み、持ち帰る様子をして質屋に持ち込み、一円三、四十銭の金子をこしらえたこともあったそうです。津川さんの前にお金を出すと、さすがに「子どものお前が……」と驚いたようです。

孫太郎さんの方は仕事が増えて手狭になったので、住まいを少し松坂屋寄りに移転しました。とはいえ、裕福な暮らしには程遠く、特に年の暮れともなると子供心にも金の苦労が身に染みて感じられるのでした。

ある年の師走、年越しの算段がつかないでいると、芝の萬六さんがやってきて研ぎの依頼をしていきました。萬六さんの仕事は安くても時折何振かずつ持ってきてくれるので、孫太郎さんには上得意でした。急いで納めれば、大晦日《おおみそか》にはまとめて二円八〇銭の研ぎ代がいただけるはずでした。

しかし、その日の朝集金に出かけていったお母さんが、夕方になっても帰ってきません。お金もさることながら、物騒な世情のこととて、お母さんの身が心配です。今か今かと不安を募らせていると、除夜の鐘を聞くころに至ってお母さんは疲れ果てて帰ってきました。

聞くと、お母さんはさっきまで萬六さんに居ずっぱりで約束の研ぎ代の催促をしていたとのこと。先方も年の瀬の苦しみは同じで、どうしても二円八〇銭の都合がつかず、ペコペコ頭を下げられて出された額は五厘銭五〇個の二五銭だけだったそうです。

そのお金を持ってお使いに出た光遜先生は、広小路でのし餅を買うと、さすがに押し詰まっての買い物に気後れし、兵児帯《へこおび》と腹の間に餅を挟んで帰ってきたそうです。そのためにすっかり冷え込み、ひどい下痢をやってさんざんな正月になってしまいました。お父さんは手ごろな丸石を拾ってきて洗い清め、これを神棚に供えました。餅の代用品は、画餅《がべい》ならぬ石餅だったわけです。

こんな体験を味わうたびに、光遜先生は刀の仕事など断じてやるまいと思ったそうです。それでも刀を見ると気持ちがいいので、どうしても最終的にやめる気にはなれなかったといいます。

長谷部国重を掘り出す

二度目の家に引っ越して間もなく、大藪久雄さんが顔を出すようになりました。この方は現在の温故堂の二代前で、故良辰さんのお父さんに当たります。会津から法律の勉強のために上京したのですが、学校へは全く行かず、毎日弁当持ちで道具屋や研師を回り、刀の勉強に熱中していました。孫太郎さんの言うには「上野の烏の声が聞こえない日はあっても、大藪さんの来ない日はない」ほどでした。

この大藪さんが、大原真守をどこからか二五銭で掘り出してきました。元の方にフクレがあったのですが、孫太郎さんが研ぐときれいに取れ、大変な名刀になりました。好きということは、時に奇跡も起こすのです。五円で求めた山内家伝来の兼光を今村長賀さんが持参したのもこのころです（これは神田向柳原の中国向け輸出刀の束の中にあったものです）。

そのころの刀の売買といえば、盛光や康光でも眼中にないくらい、永正備前などは見向きもされなかったといいます。値が動いてくるのは日清戦争（一八九四）の後のようです。

刀では到底生活ができそうにない様子を見ると、光遜先生はまた迷います。普通の商人になろうと考えては、それならまだ刀の方がやりたいと思い、刀では将来の見込みが立たないと思うと、今度は軍人になろうと決心します。軍人は羽振りが良いので志望者も多く、また勉強も人一倍しなくてはなりません。東京帝大の文科の学生で志賀さんという方に頼み、英語・漢文・数学を教えてもらいに夜間通うことにしました。

一方で、孫太郎さんに研ぎと鑑定を習い、本郷青木町に住んでいた長船祐定の系統を引く刀匠・湯浅貞三さんに鍛錬や彫刻の知識を学んでもいました。

刀に進む大きなきっかけは、初めての掘り出し体験であったかもしれません。

一六歳のある日、京橋の五島忠吉さんという刀屋さんに立ち寄り、店番をしていたおばあさんに「何かないか」と聞くと、「これといってないが、一つだけある」と言って短刀を出して見せられました。長さ七寸五分、身幅一寸ほどで、地刃の状態は錆びてわかりませんが、「國重」の二字銘が残っています。値段は三五銭とも二円であったともいいますが、とにかく手持ちがないので一度家に帰り、取って返して手に入れました。

ひそかに研いでみますと、長谷部の掟《おきて》通りの皆焼《ひたつら》で、初代国重に間違いないということになりました。間もなくそれを一六円で買いたいという人が現れ、ついに大変な掘り出しとなったわけです。

青石横丁から湯島天神下に引っ越したのもこのころです。裏手には神刀流で鳴らした日比野雷風という剣術の先生がおり、ここに出入りするうちに堀井倉吉さんと知り合い、樫の木の大きな木扇を握り、紺絣の着物に袴を着け、朴歯下駄といういでたちで闊歩することも覚えました。これこそ当時の代表的不良少年のスタイルでした。

孫太郎さんとともに家業に精進するうち、湯浅鍛冶の依頼で四〇振の刀を一振五円の約束で研ぐ仕事ができました。この大仕事には父子とも意欲を燃やし、ほとんど徹夜で研ぎ上げ、二〇〇円という大金を稼ぎ出したのでした。

こんな体験を積むうちに、少しずつ仕事の芽も吹いてきて、光遜先生はお父さんとともにこの職業をやっていくのだという覚悟と落ち着きが出てきたようです。

お父さんが亡くなったのは、光遜先生が独立して立派になられた後の、大正六年（一九一七）二月でした。享年七五歳でした。

その死に際して、四〇年来の知り合いであった湯浅翁は次のような言葉を残しています。

「……研ぎは上手だ。名人の風があった。一体研師には名人と上手がある。上手とは師匠に小言を言われて、言われたままに悪いところを直していく。名人とは小言を言われたときに、師匠の言うよりもずっと良くする。これが名人である。孫太郎さんはその名人の方で、先代光賀の弟子でありながら、光賀よりも上手だったかもわからぬ。一体に暢気《のんき》な男だし、刀を研がなくっちゃ飯が美味《うま》くないという人だから、刀が三文の値打ちもないときにも、平気で食うや食わずで研師をやっていたので、遠慮なく言えば、米がなけりゃ刀を研いでいよう、そうしたら腹が満《くち》くなるかもしれんというような風だった」

本阿彌琳雅先生に学ぶ

本阿彌光遜の誕生

孫太郎さんの師匠本阿彌光賀さんは明治二十年（一八八七）に亡くなりました。その後、未亡人と養女が不仲から相次いで墨田川に身を投げるという悲劇に見舞われ、水戸本阿彌は絶家の危機に瀕していました。かつては孫太郎さんが養子に望まれたことがありましたが、二〇年余を過ぎてその話があらためて光遜先生にもたらされました。縁戚に当たる津川頼隆さんの次女陽子さんを養女とし、光遜先生を許婚者《いいなずけ》として迎えたいというのでした。

津川さんには二人の女子があり、陽子さんも長女の佳子さんもいずれ劣らぬ絶世の美人であったそうです。美人の許婚者も決まり、いずれ本阿彌光賀家を後継することになった光遜先生は、刀を一生の仕事とする宿命を一層強く感じられたことでしょう。

しかし、好事魔多しです。美人の姉妹がジフテリアに侵され、たちまち重態に陥ってしまったのです。そして陽子さんは、許婚者の膝の上に抱かれたまま、永遠の眠りに就かれました。生まれて初めて身近な死に直面し、しかも愛する人を失ってしまった光遜先生の悲しみはいかばかりだったでしょう。

本阿彌陽子として、本阿彌家代々の菩提寺である谷中の妙法寺に葬っての帰途、今度は姉の佳子さんが亡くなったという知らせが入りました。驚いて津川家に駆けつけると、津川さんの嘆きは尋常ではありません。愛娘二人をほぼ同時に失うなどという苛酷な現実を、受け入れることなど到底できるものではありません。

それからの津川さんは、以前に増してすさんでいきました。大文字の錦衣太夫からもすっかり疎まれるようになりました。冬のある日、光遜先生は炭を買って届けました。その夜、様子を見に訪ねますと、津川さんは炭火をカンカンにおこし、憤怒の形相で錦衣太夫の人形に呪いをかけていました。

まだ上野の七不思議や妖怪変化が実在のことと信じられていましたから、光遜先生は津川さんの変わりようにゾッとして逃げ帰ってきたそうです。

明治三十一年、光遜先生一九歳でいよいよ本阿彌琳雅先生（この号は明治四十四年、杉山茂丸さんの命名）に入門します。琳雅先生は光遜先生の友人の堀井倉吉さんの親戚でもあり、住まいが近いこともあって、それまでにもたびたび訪れていたそうですが、弟子入りを仲介したのは服部伊三郎さんです。

間もなく正式に光賀家の跡を継ぎ、号を光遜と名乗ることにしました。「光」は本阿彌家の伝統の一字、「遜」は孫太郎さんの「孫」に「辶《しんにゅう》」をかけて、お父さんにも勝ろうとする意気込みを示しています。鑑定家本阿彌光遜の名があまねく知れ渡ってから、本阿彌を僭称《せんしょう》し、「光遊」などと紛らわしい号を使う人も現れましたが、「光遜」は古今ただ一人です。

苦境期に生きた名人研師

「成善さんの研ぎはいいはずだよ。研ぎ賃を二円五〇銭も取るもの」というのが、光遜先生が入門されたころの琳雅先生の巷《ちまた》の評判でした。値段はその当時としては法外だったそうですが、「成善さんの研ぎ」は名人芸の代名詞でもありました。

琳雅先生は安政六年（一八五九）幕臣の山本家の次男に生まれ、幼名を羊三郎といい、母のお柳さんが光意系一四代本阿彌成応（直之丞）の妹であった関係で、その義理の甥に当たる一五代成重（平十郎）の養子に入りました。

「めがね橋（万世橋）の北に美男子が三人いる。松平の殿様（直克侯）と杉原の栄さんと本阿彌の先生だ」と下谷界隈ではもっぱらの評判だったといいますから、艶聞もいろいろあったようです。明治十五年に平十郎さんが亡くなり跡を継いで成善を名乗ってからは、研磨の技一段と冴え、並ぶ者もない域に到達されました。

伊藤博文・西郷従道・黒田清隆・大倉喜八郎・近藤廉平など著名な方々の寵を受け、特に杉山茂丸さんは「成善の研ぎ」に絶対の信頼を置く後援者でした。

琳雅先生は前名を光達ともいい、日洲とも号しています。昭和二年九月、六八歳で没しました。嗣子なく、高弟である平井千葉先生の長男猛夫さんが継いで日洲を襲いました。

光遜先生が入門した当時、師匠の家は湯島天神の男坂を下って昌平通りにぶつかる辺りにありました。天神下への通りの方が門で、神田明神下からの通りに沿って板塀があり、角には土蔵が建ち、堂々とした屋敷でありました。

外見は立派な家でしたが、内情はお話にならないほどでした。玄関から一歩入りますと、畳は破れ、唐紙は骨ばかり、壁ははげ落ち、まだ雨漏りがしないだけ幸いで、誰が見ても高名な研師で、高い研ぎ賃をいただいているような人の住まいとは思えません。研ぎ代が二円五〇銭もしたといっても、そんな仕事がそうそうあるわけではありません。鑑定刀も月によって、あったりなかったりという状態です。光遜先生より六歳年長の平井千葉先生は既に一人前になって一戸を構えておられましたが、やはり苦しい生活であったそうです。

そのころの研師で高名だったのは、光賀さんの弟子の島田幾太郎、安達貞十郎さんの弟子の石川周八といった方で、石川さんだけは旧大名家や華族への出入りが多く、比較的恵まれていました。日清戦争が刺激になっていくらか刀の値段が上がってきましたが、それとて応永の康光・盛光がようやく一五円、永正の祐定が二円五〇銭ぐらいであったそうです。刀が安かったので、それにしては二円五〇銭の研ぎは高いという印象があったのでしょう。

しかし、本阿彌家ともなれば相応の見栄も張らなくてはならず、余計生活が苦しかったというわけです。琳雅先生もときどき悲観的になり、光遜先生に向かって「定《さだ》、何かほかのことを始めようか。これじゃとても駄目だぞ」などと、弱音を吐いたそうです。修業中の身に師匠の弱音はこたえます。「腕を磨いておいて損はあるまい」と努めて明るく考え、涙をこらえたことが幾度もあったそうです。

賢夫人釜子さんのこと

こんな状態で、どうして立派な家に住んでいられたか不思議ですが、これは信じられないほど安く手に入ったからでした。後で知ったことですが、化け物屋敷の噂が立って買い手がつかず、ずっと空き家であったそうです。

近所の人の話によると、この家はあるお寺の建築材を使って建てたもので、棟木などはそのまま使い回してあるから、祟《たた》りがあっても不思議はないと言うのです。事実、深夜に夢とも現《うつつ》ともつかぬ物の怪《け》に襲われた体験を琳雅先生も奥さまもお持ちだったそうです。そんな話を聞くたびに、見かけに似合わず臆病な光遜先生は震え上がってしまうのでした。

しかし、当時の師匠の経済状態では致し方なく、化け物屋敷を承知で師匠夫妻も門人たちも相当長い期間我慢しなくてはなりませんでした。

奥さまは本名を釜子さんといい、下谷の同朋町の花街の出身で、以前は堀井家の小《こ》いなで名をはせた名妓でした。その小いなさんと琳雅先生がいつのころからか懇《ねんご》ろになり、結婚にまで話は進んだのですが、平十郎さんの未亡人が頑として聞き入れません。小いなさんが花柳界の女性で、一回りほども年上であったことが反対の理由であったようです。結婚に至る事情については、また後に触れましょう。

思いがかなって本阿彌家の若奥さまとなってからも、昔気質の厳格な姑《しゅうとめ》に仕えるのは大変であったでしょう。しかし、この方はまさしく賢夫人で、本阿彌の家を内側で立派に支えたのでした。難しい姑によく仕えて家事を切り盛りする一方、門人の面倒にも気を配り、また同朋町の置き屋の方の経営も引き続きやっていました。そして、その利益はすべて本阿彌家の維持に充てられました。

こうした女性の存在がなければ、あるいはその後の本阿彌家もなく、名人平井千葉先生、鑑定家本阿彌光遜先生の大成もなかったかもしれません。もちろん私は直接に存じ上げませんが、小いなさんを私がお世話になった光遜先生の夫人ヤスさんと合わせ絵のように思い描きながら、流名に連なる一人として感謝の念を深くします。

本阿彌家の細工場

光遜先生の入門当時、師匠は誠に厳しかったそうです。

「教えてもらって覚えるのでは駄目だ。わしの仕事を見ていて自ら覚えよ」というのが主義でした。従って、質問をしても教えてはくれません。一通りの仕事をしたのをご覧に入れて「いかがでしょうか」と問うのです。「駄目だ、やり直せ」「どこが悪いのでしょうか」「自分で考えろ」――こんな調子です。ご機嫌を損ねて、せっかく研ぎ進めた刀を床に叩きつけられたことさえあったそうです。

古くからの本阿彌の慣習や格式についても、その通りにやらないといっては叱られ、知らないといっても教えてくれることはありません。光遜先生が本阿彌光賀家の継承者に決まっていたとはいえ、実際のところは全くわかりません。そんなとき、姑から聞き知ったことをひそかに伝え、本阿彌人としての成長を促してくれるのが釜子夫人でした。光遜先生はそれらをすべて吸収され、その後の自らの行き方にしてこられたのでした。

前に記した宗祇の句の注連縄《しめなわ》ですが、この注連縄一つにしても厳格な掟があります。外の世界ではどうあろうとも、注連縄を巡らした中だけは不浄を避け、厳しい意気込みで仕事をしなくてはなりません。俗な話などは厳禁です。釜子夫人でさえ細工場に入ったことは一度もなく、開き戸の外へ膝をつかれて、茶と菓子をそっと中へ差し入れられるだけでした。

冬場の暖房には火鉢を入れますが、持ちがいいといっても、炭団《たどん》は決して使いません。これは屑炭を粉にして固めたもので、屑炭には不浄が混じっていると信じられていたからです。

夜業の燈火にも、この時代に一般化していたランプを使うことはありませんでした。種油を注ぎ入れた素焼きの土器《かわらけ》を竹の自在に掛け、その中に燈芯を入れて点火します。燈芯の数は七本か九本と決まっていました。さすがにマッチは使うようになりましたが、しばらくはもっぱら火打ち石でつけていました。

この燈火を半紙で覆い、柔らかい光の下で夜の仕事をするわけです。世の中の明かりがランプから電気に代わっても、本阿彌家では依然として種油の土器であったそうです。

このような照明を用いていたためもあったと思われますが、昼の仕事と夜の仕事が厳然と分けられ、いかに急を要する場合であっても逆は固く禁じられていました。同じ下地研ぎでも昼は細名倉までの工程、夜は内曇を引くのみ、仕上げはツヤを使うのは夜、拭いを差すのは昼と決まっていたそうです。

夜ふけて、遠くでコツン、コツンと砥鳴りのするのを聞いて、研師の家があることを知った、などと書かれた昔の文章がありますが、この音は夜業と決まっていた内曇を引くものだったというわけです。

光遜先生は入門して一年もすると、一通りの下地研ぎをこなすようになっていました。友人の堀井倉吉さんはやめてしまい、下地は光遜先生のみになってしまったそうです。翌日の師匠の仕上げ仕事に備えて一人夜業をすることもたびたびだったそうですから、いかにお父さんの仕込みがあったとはいえ、相当に早い上達であったことがわかります。

熊本へ出稼ぎに行く

左文字短刀を頂戴する

日清戦争が終わって二、三年後、つまり光遜先生が琳雅先生に入門したころは世間も不景気のどん底で、刀剣社会はそれに輪をかけてひどいものでした。どの仕事はまだまだ、誰々は少しはいいらしいと言っても高が知れ、刀剣商も刀匠も研師も、白銀師《しろがねし》・鞘師も皆想像を絶する貧乏ぶりでした。

ちょうどそのころ〈明治三十二年〈一八九九〉六月〉、一五〇〇円で刀を買われた方がおり、刀で生活する人々はこれを聞いて例外なく仰天しました。現在国宝の吉岡一文字助光の長銘の太刀で、明治二十七年に麴町の質屋「越又」に入ったのですが、愛刀家の垂涎の的であったにもかかわらずいかにしても高額であり、そのうちどんどん金利がついて一五〇〇円になってしまったのでした。

買われたのは、第九国立銀行の頭取をしていた堀部直臣《なおおみ》さんです。堀部家は熊本藩中三〇〇〇石の大身で、例の堀部安兵衛の後裔と聞きました。この助光を手に入れたとき、仲介した刀剣商の西垣四郎作さんには二〇〇円という破格のお礼をはずんだということです。

これが刺激になって、対馬宗《そう》家の鶯丸《うぐいすまる》友成が秋元子爵へ、一文字吉房が三井財閥の大番頭益田孝さんへいずれも一五〇〇円で納まりました。その後、五円で掘り出した前記の兼光を今村長賀さんが、何と四五〇〇円で山内家に譲渡したという話もありました。ちなみに、大正十五年（一九二六）に堀部さんの手を離れるときの助光の価格は、入手時の一三倍以上の二万円でした。

この堀部さんは琳雅先生の研磨に心酔しておられ、本阿彌家の大後援者でもありました。それだけに、悲惨な状態を見るに見かねたようです。

「成善さん、私が日ごろ大事にしている左文字の短刀をご存じでしょう。あれを差し上げますから、郵船の加藤正義さんのところへ持っていって買ってもらいなさい。そして、お家の中を少し手入れされなければ体面上もいけませんよ」

左文字の短刀とは、現在国宝に指定されている一口で、有名なものです。それを処分して利益を取っていいというのではなく、すべて上げるというのです。「言われた通りに致します」と確か六〇〇円だったそうですが、ありがたく頂戴したのでした。

いかに刀が安かったとはいえ、その当時の六〇〇円です。大工が入る、左官が来る、畳屋が顔を出すといった慌ただしさが続き、化け物屋敷はたちまち大名屋敷に変貌しました。そして、少なからぬ残額はしばらくの間の生活に充てられるはずでした。

しかし、江戸っ子気質のなせるわざか、蓄えはたちまち底をつき、押し寄せる不況の嵐にまたも以前と同じこととなりました。

「定《さだ》、ちょっと小遣いに困るから、この煙草入れを質草に三円ばかりつくってきてくれ」と言われ、借りたお金でその日を送るようなこともたびたびでした。光遜先生が一カ月の給金として一円五〇銭いただくようになっていましたから、稀代《きたい》の名人と言われた師匠の仕事が一〇日かかって二円五〇銭では、帳尻の合うはずはありませんでした。

砥石持ち、すぐ来い

「こんなことを日夜繰り返していたって始まりますまい。どうです、私が面倒を見ますから熊本へおいでになりませんか」と親切に助け舟を出してくださったのは、またも堀部さんでした。

「なあ、定《さだ》、堀部さんがああ言ってくださるんだから、ともかくも熊本へ連れていっていただくか。あちらの様子はすぐに電報で知らせるから、来いといったら砥石を担いですぐに来いよ」――言い残して、琳雅先生は旅立っていきました。

当時、熊本は全国でも熱心な愛刀家の最も多いところでした。しかし、行って果たしてどうなるかは予想できません。出稼ぎに行く琳雅先生の心中は不安であったでしょうし、留守を守る光遜先生の心細さもひとしおであったでしょう。

吉報の届くのを首を長くして待っていると、一〇日ほどして電報が来ました。

「トギ　ノイライヨソウイジ　ヨウ　トイシモチスグ　タテ」

そのころの熊本といえば、外国へいくような趣でした。光遜先生は砥石や道具類をまとめた大荷物を背に負い、お母さんが船酔い除けにと晒《さらし》の袋に包んでくれた梅干しを持ち、緊張した面持ちで新橋駅を出発しました。家族や親戚、友だちも見送りに来てくれたそうです。

当時の山陽線は徳山止まりで、そこから門司までは船旅となり、再び九州線の汽車に乗ります。途中で脱線事故に遭遇したりして、目指す先に到着したのは新橋を立ってから丸三日後でした。

案内されたのは刀剣商の長崎家であったそうです。店の奥中央に師匠が座り、七、八人のお歴々が見えますが、堀部さん以外に知る方はおりません。「ただいま着きました」と上がらせていただこうとすると、師匠のそばに座っていた温顔の老人が制止します。

「定《さだ》さん、上がるのはちょっと待ってください。肥後には肥後の掟があります。まずこの刀を鑑定してください。もし一本で当たらなかったら、遠路わざわざのおいでですが、そのまま東京へお引き取りください。幸い一本で当てられたら、一同喜んであなたのご援助をしますから、ごゆるりと旅の疲れを休めてください。

なお、ご参考までにお話ししておきますが、当地へも鑑定家と称する方が来られます。しかし、いまだかつてこの刀を一本で当てた方はありません。そういう次第ですから、一生懸命に見てくださいよ。あなたは若いけれども、剣界に乗り出す第一歩ですからね」

神仏頼みの一本鑑定

あまりのもてなしに、光遜先生は目の前が真っ暗になったそうです。もし当てることができなかったら、どうしよう。重い砥石を担いで東京へ逆戻りするだけでなく、稼ぎを待っている人たちの期待も、お母さんの心尽くしも裏切ることになってしまう——渡された刀を持つ手が小刻みに震え、熱い涙がこみ上げてきたそうです。

この辺りからの話は何度聞いても面白く、光遜先生の面目躍如でした。到底筆に尽くせるものではありませんが、お話だけでもなぞってみましょう。

気を取り直し、ゆっくり鞘を払って見てみますと、長さは二尺三寸五分ほどの定寸です。反りは少し足りませんが、なかなかに品位のある姿です。総体にこぢんまりとして肉置きも良く、重ねも頃合、刃文は匂本位で大丁子乱れ、刃色も申し分なく、地鉄は杢目肌が詰んで細かく、力があり、肝心の帽子はと見ますと、そのまま深々と乱れ込んでいます。単純に見ますと、備前の福岡一文字の二流どころのようです。

しかし、一文字なら「当たらなかったら東京へ帰れ」とか、「いまだ当てた人はいない」とは言わないはずです。これはきっと曲者《くせもの》に相違ないと、あらためて表の鎺《はばき》元から切先まで、また裏の帽子から焼出しまで、なめるように眺めました。何度見ても、やはり一文字です。ほかに思い浮かぶ刀匠がありません。これには、ほとほと困ってしまいました。

ふと心に浮かんだのが一年前のことです。

琳雅先生が眼病にかかり、いかに手を尽くしても薬効なく、ある人の勧めで金光様《こんこうさま》にお願いして信心の結果、不思議にも全治しました。光遜先生も岡山へ祈願にお伴して以来、信仰するようになっていました。それに光遜先生の祖先は大の法華経信者で、五〇〇年も続いた日蓮宗の家でした。

何の邪気もなく、思わず目を閉じて祈りました。

「天地金の大神様、生神金光大神様、身延にまします日蓮大上人様、どうかこの刀を一本で当てさせてくださるようお願いします」

すると、頭の上の方で、「カネサダ、カネサダ」と声がしました。人間の一心というものは恐ろしいもので、本当にそのときはそう聞こえたのだそうです。

やれ嬉しやと目を開けて、刀身を見渡しますと、美濃の兼定などとはとんでもない話で、どう見ても一文字です。まだまだお願いが足りないと、再び目を閉じて「金光様、日蓮様」と一心不乱にお願いしました。

「カネサダ、カネサダ」

またも同じ二声です。

もう疑う余地はないと目を見開き、刀を食い入るように見つめました。すると、どうでしょう。丁子乱れの匂深々とした物打ち辺の刃中に、小さな矢筈《やはず》乱れがうっすらと見えるではありませんか。裏を返して見ますと、やはり表と同じところに同じような矢筈乱れです。しめた、これだ！

こうなりますと、見る目も変わってきます。詰んだ小杢目肌の内に、ほのかに見える柾《まさ》目《め》肌、鎬地《しのぎじ》に一層強い柾目肌、帽子の返りの寄り心……姿などと思い併せて和泉守兼定に間違いなしです。丁重に元の鞘に納め、一礼してお返ししました。

「ようやくわかりました。このような名刀に大変失礼なお答えをしなければなりませんが、お許し願えますでしょうか」。兼定と見て、万が一、格上の一文字であったときの失礼を配慮した言い方です。

「うん、かまわない、言ってみろ」

そう言って一膝乗り出したのは琳雅先生でした。もう大丈夫です。以心伝心とはこのようなことを言うのでしょう。

「和泉守兼定と拝見致します」

まず師匠が、目を真っ赤にして「偉い！　うん、偉い！　さあ上がれ、上がれ」

一座の方々からも「ウーン」と、感嘆の声が上がりました。一本入札の出題をしたのはこの家のご主人長崎仁平翁でしたが、打って変わった歓待ぶりで「上がったり、上がったり」と、光遜先生を抱え上げようとします。

光遜先生は、必死に涙を耐えて草鞋《わらじ》だけは脱ぎましたが、琳雅先生のそばへにじり寄った途端、こらえ切れずにワーッと大声に泣き崩れてしまったのでした。

上昇の機運に乗って

熊本での長逗留から帰ると、その後はどういうものか、本阿彌家に運が巡ってきたようでした。

お金が必要なときに一五〇円ぐらいに売りたいと言っていた琳雅先生の一文字吉房の生《うぶ》在銘の太刀は、どうしても買い手がつかなかったのに、留守中、光遜先生のお父さんの口ききで一七五円で売れていました。間もなく伊達伯爵家、樺山大将家と、続いて蔵刀のお手入れをすることが決まりました。

日露戦争が始まったのは明治三十七年、光遜先生二五歳のときで、世の中の景気が上向き、日本刀の需要も高まってきました。研ぎも次第に盛んになり、琳雅先生の最上の研ぎが七円五〇銭、並で五円に上昇し、鑑定刀も月に一〇振は集まってきました。

旧幕時代のような復興は夢にしても、本阿彌家が豊かになるには愛好家を増やしていく以外にない、という考えで刀剣鑑定会を始めたのもこのころです。関直彦さんが主唱者となり、松平正直・一木喜徳郎・宮崎道三郎の各氏らが会員に加わりました。会場は琳雅先生の家でした。会費はずいぶん高かったそうです。刀剣会（後の中央刀剣会）は既に明治三十三年に発足していましたが、本阿彌家が開く鑑定会はおそらく史上これが最初で、画期的なことでした。

次いで堀部直臣氏・近藤廉平氏・加藤正義氏・団琢磨氏・朝吹英二氏といった顔触れで、各氏の持ち回りの鑑定会も始まりました。

光遜先生は琳雅先生の下でさまざまな体験を積みながら、次第に頭角を現していくことになります。

光遜先生売り出す

日本刀研究会を率いて

光遜先生が琳雅先生の元に弟子入りしたのが一九歳、明治三十一年（一八九八）のこと、それから一〇年の年季を経て二九歳の春（同四十一年）、晴れて独立できることになりました。

「光遜、お前も修業のかいあってようやく年開《ねんあ》けとなったんだし、両親もいることだから、独立して一戸を構えたらよかろう」

琳雅先生の慈愛あふれる言葉に感謝し、早速に探し当てたのが下谷区東黒門町一番地の小さな家でした。ここは師匠の家にも、また西黒門町に移っていた両親のところにも近く、すべてに好都合でした。

一〇年間のうちにはかなり知り合いも増え、独立のお祝いをもらっていましたから、差し当たりこのお返しをしなければならず、お母さんに相談して赤飯をこしらえてもらうことにしました。

赤飯を蒸し始めてしばらくすると、台所でお母さんの呼ぶ声がします。何事かと飛んでいきますと、お母さんはカマドの前にペタリと座り込んでいます。

「おっかさん、どうしたんだい」

「どうしたもこうしたもないよ。釜が鳴り出したんだよ」

確かに、釜が異様なウナリを上げています。かねて古老の話に聞く釜鳴りとはこれかと、すっかり興奮してきました。釜鳴りが最後に大きな音でブッ切れば大吉、消え入るように終わってしまっては凶だというのです。光遜先生は大変なゲン担ぎですから、きっとお母さんと二人で真剣に聞き入ったのでしょう。

釜鳴りは次第に大きくなり、最後に一段と大きく「プー」と鳴ってやみました。

「よし、大丈夫！　この釜鳴りで刀剣界の隆盛疑いなしだ。仕事も順調に行きそうだし、おっかさんにも楽をしてもらえるよ」

釜鳴りですっかり気を良くし、仕事の依頼の来るのを手ぐすね引いて待っていたのですが、幾日たっても訪問客はありません。日一日と苦しくなってきました。

ある日、見知らぬ方が訪ねてこられました。名刺を拝見しますと、静岡県長上村の稲葉長平さんという方で、なかなかの刀好き、しかも話がよく合います。以後、親しい付き合いが始まり、訪問のたびごとに米や味噌まで運んでくださるほどの間柄になりました。光遜先生ならずとも、初めてのお客さまというものはありがたく、また後々まで印象が深いものです。

それにしても、刀剣社会を何とかして盛んにしていかなくてはなりません。いかにしてもこの道を一般大衆に知らしめ、多くの方に刀を好きになっていただかなければ、将来はありません。

そこで、光遜先生は二つのことを計画しました。

先生はかねてから、本阿彌家が刀剣鑑定法を口伝や秘伝と称して公開しなかったことが、刀剣道の発展を妨げてきた一つの大きな原因であると考えていました。そこで、刀剣の持つ味わいや掟・特徴を公開して、一般の方に知っていただいたら、絶対に受け入れられ、趣味の向上疑いなしとしたのです。やがて大正三年（一九一四）五月に刊行される大著『日本刀』は、このような考えの下に準備されていったのです。

もう一つは、活字以外に、刀の話を直接多くの方に聞いてもらうことでした。一人一人に刀の良さを説くよりも、集団に働きかけた方が効果があり、多くの愛好家を育てられると考えたのも、いかにも光遜先生らしいところです。そのころから既に、ご自身の話術を武器として活用される確信があったのでしょう。

最初に狙いをつけたのは、四谷の陸軍士官学校でした。何の縁故もなく訪れたのですが、光遜先生の熱意は校長の橋本勝太郎少将以下、幹部の共感を得て、早速講演会の開催となりました。

これがきっかけとなって陸軍士官学校には刀剣会が生まれ、戦前を通じて光遜先生の陸軍に対する影響力が形作られていきました。

新しいお客さまも一人増え、二人増え、その方が新しい方を紹介してくださるといった次第で、やがてその方々が中心になって日本刀研究会の芽がつくられていきました。馬場頼章・多田正雄・三輪重太郎・大出善一・中村厚次郎・能勢邦士・黒田高三郎・川口陟《のぼる》といった方々は、その初期に力を尽くされました。

大正四年十一月、月刊誌『刀の研究』（後に『刀剣研究』と改題）が創刊になりました。折しも大正天皇即位の御大典があり、これを記念するものとなりました。日本刀研究会は会員わずか二七人という小所帯でしたが、初版三〇〇部はたちまち品切れとなり、版を重ねて一〇〇〇部に達しました。

当初、発刊の目的は、研究会の会報であるとともに、本阿彌家に対する攻撃に応戦するのと、まだ名前の知られていなかった光遜先生を売り出すことにあったといいます。いずれにしても日本刀研究会の鑑定刀の詳細な講評と各種の読み物が好評で、鑑定家本阿彌光遜の名声を全国に広めることに大いに役立ちました。

創刊号を見ると「発行兼編輯者　本阿彌定吉」「発行所　南人社」となっています。所在地は前者が下谷区黒門町三三、後者は本郷区千駄木二四七です。『刀の研究』はすべて光遜先生が手がけたと思われていますが、むしろ日本刀研究会と光遜先生を看板にして、同志の川口陟さんが骨を折られたと見るのが妥当でしょう。

面白い人たち

次は、少し裏話にすぎるかもしれませんが、川口さんが当時の状況を活写されていますので、紹介してみましょう（旧漢字と仮名遣い、句読点の一部を改めました）。

そのころ（注・『刀の研究』発刊当時）本阿彌氏は『日本刀』出版のためにできた負債で苦しんでいた。素人の出版で費用に無駄があるのと、販売の方では大倉書店の番頭にだまされて、定価三円の本を一円八〇銭ぐらいで売って、それでも借金が切り抜けられないで、会員の山本公介氏が蛎殻町の某書店へ一冊六〇銭ぐらいで売ってしまったりした。大倉の番頭は大晦日に印刷代を本阿彌氏から受け取って帰る途中で、その金を遺失したとか言って、またもや本阿彌氏へ泣きついてきて、何ほどかを工面させて帰った。しかし、これは番頭の狂言ではなかったかと私は今でも思っている。

とにかく、かなりな財政難の中にもとんだ滑稽が演出されたりして、それでも本阿弥氏は別に悲観もせず、やりくりして苦境を抜けてきた。そんな中でも本阿弥氏は、血の出るような高利を借りても、客にはよくご馳走をしてビールだ、寿司だ、鰻だと出したものだ。こうした辛苦と健闘をして『日本刀』を出し、研究会を開き、雑誌を出していた結果が、ようやく今日になって報いられてくるようになった。

実際そのころは毎晩のように集まって借金返済法を講じた。こういうのも、債権者は会員の秋元永太郎氏と山本公介氏とだから、こうして会合しているうちには何とか債権側も譲歩してくれるだろうという腹もあったが、いや秋元君の強いこと強いこと、一歩も譲歩しないという権幕なので、ついに会員の有国栄三郎君がそのとき貯金局の振替貯金課にいたものだから、「よし、それなら僕が、二、三年赤い着物を着てくる（注・刑務所に入る）覚悟で悪いことをする」と言い出した。それはどういうことをするかというのに、有国君が振替事務を扱っているとき、本阿弥氏の振替口座に五円の金があるとすると、それを五〇〇〇円と書き違えておくというのである。これは無論実行もしないし、また大勢の人の前でこういうことを口外する人に実行した例はないから、誰も賛成しないし止めもしない。一場の笑い話で終わったけれど、いかに当時わずかな金（高々五〇〇円ぐらい）に困っていたことを察することができよう。

本阿弥氏が偉いところは、そういうときでもなかなかへたばらない。変なところから金を借りてきては急場を切り抜ける。切り抜けるばかりではない。芸者買いをして大いに遊ぶ。家作はいつの間にか買い取って自分名義にする。そうかと思うと、その家は二重抵当に入る、電話は他人名義になったと思うと、家財道具はどしどし買い入れる。一体借金しているのか儲けているのか、何が何だかわからないうちに家は二階ができる、抱え車は置く、名声はだんだん高くなる、研究会は盛んになる。まあ結局、本阿彌氏は名を売り信用を博してきたのだから、何と言っても面白い人物である。

本阿彌氏ばかりではない、その母堂がまたすこぶる面白い。二階が新築されて、その披露を兼ねて刀剣会をやろうというので、本阿彌氏は私のところへ相談に来た。座敷開きを兼ねた刀剣会を開き、久しぶりで一杯飲もうというのである。私はそれに対して、一体刀剣会員に酒を出す必要はなく、また別に座敷開きをするほどのことでもない。だが、あなたたちはそんなことをして騒ぐのが好きな人々だ。理屈抜きに、一つ騒ぎますかと。すると本阿彌氏は、わが意を得たりという風に言った。ええ、やりましょう。おふくろも実はこう言っています。「金がなければ当分冬物をどうかして一杯やんな」と。

（大正十四年九月）

関東大震災と本阿彌家留帳

刀と蚊帳さえあれば

大正十二年（一九二三）九月一日午前十一時五十八分、神奈川県中部から相模灘東部、房総半島南端にかけての一帯を震源としてマグニチュード七・九の大地震が発生しました。運悪くお昼時と重なって倒壊する建物から瞬時に出火、被害は未曾有の広域にわたり、中でも東京市・神奈川県・千葉県南部の被害はひどく、全壊一二万戸、全焼四五万戸、死者・行方不明一四万人に及びました。これが関東大震災です。

首都圏が直撃されたために社会は混乱、経済活動は停滞し、震災恐慌と呼ばれる不況の影響は昭和にまで持ち越されました。刀剣界の被害も大きく、その直後に知られたところによれば次のような罹災状況でした。

杉山茂丸氏（愛刀家）全焼　刀剣数百振焼失
杉原祥造氏（愛刀家）別邸全焼　被害程度不明
小倉惣右衛門氏（刀剣商）全焼　名刀数百振焼失
橋本元佑氏（刀剣商）全焼　刀剣・小道具焼失

湯川芳之助氏（刀剣商）全焼　刀剣・小道具焼失

ほかに田口清治郎・笹田伝治郎・佐々木照則・飯田亘・古川銓吉・日野雄太郎（以上刀剣商）、平井千葉・石川周八・藤代福太郎・土屋恒次郎・岡安清八（以上研師）、小松邦芳・山堀正治（以上鞘師）の各氏など多くの方の住居・店舗が全焼、刀剣類にも大きな被害がありました。旧大名家所蔵の名品の焼失・行方不明も少なくありませんでした。

本阿彌家では八月の半ばから奥さまが長男の光博《こうはく》さんを伴って、神奈川県伊勢原の在の下落合の実家に行かれ、先生は黒門町の自宅にとどまって山積する仕事に取り組んでおられました。ところが、二十八、九日ごろの夜空の無気味さは何とも言えず、思い立って迎えに行くことにしました。それが三十一日のことです。東京から三時間ほどかかって下落合に着きますと、久しぶりだからと言う奥さまのお母さんの引き止めで心ならずも一泊し、翌九月一日の朝、激しい風雨の中を出立してきました。

東京駅へ着いたのが十一時、黒門町の自宅へ帰って「ああ暑い」と裸になったのが十一時半でした。三歳になった光博さんを抱いてそのまま二階へ上がり、窓を開け放って涼んでいたところにグラグラッと来たそうです。

棚の上の物は落ちる、額は外れる、激しく物音がする、立ち上がってみても立っていられない――家がつぶれる前に光博さんを抱えて飛び下りようとまで覚悟されたそうです。そのころには、近所の人たちも外に飛び出して右往左往のありさまです。先生たちも揺れの鎮まるのを見計らって、ようやく屋外に逃れました。間もなく、あちこちから火の手が上がり、騒然となりました。

何といっても守らなくてはならないのは、お預かりしている刀です。一〇人ほどいた弟子を指揮して刀を風呂敷に包ませ、避難することにしました。非常時には皆必死の力を発揮し、一人三〇振ずつも担いで平気だったそうです。

当時、玄関脇の長四畳の門人部屋に、全長六尺を超える大薙刀《なぎなた》が白木綿でグルグル巻きになって掛かっており、この先に梅鉢の定紋と「本阿彌」の文字を記した長旗を付け、担ぎ出した弟子もあったそうです。

先生と女衆は、光博さん用の母衣蚊帳《ほろがや》と水の入った大きな薬罐《やかん》、飯櫃《めしびつ》、座布団三、四枚とともに不忍池畔に立ち退きました。やがて、彼方此方の火勢が強まり、上野の山にも危険が迫ってきたので、省線田端駅近くにあった門人川口信之助（光信）さんのお兄さんの家を訪ね、ひとまず十五、六人の一団は避難しました。

黒門町の家は翌々日の夕方、蔵前方向から及んできた劫火によってついに灰燼《かいじん》に帰しました。ちなみに、その後は住居と仕事場を転々とし、当地に再建できたのは大正十五年のことでした。

幸い、お預かりしていた品物は短刀・小刀に至るまですべて、焼きもせず、紛失もしませんでした。ただ、印刷所にあった『日本刀』などの紙型類はすべて焼失し、再版はかなわなくなりました。この罹災を通じて、刀と母衣蚊帳さえあれば立て直すことができる、という満々の自信が先生に生まれたらしく、後々まで話題に上ることがよくありました。

本阿彌家留帳焼失す

取りあえず落ち着いてみると、光遜先生の頭には心配が次から次へとわいてきます。一番に気になったのは琳雅先生でした。

四日の早朝、地下足袋と脚絆《きゃはん》で足元を固め、握り飯と水を詰めたビールびんを腰に下げ、神田五軒町の琳雅先生宅を目指しました。田端からは二時間もかかりました。行く先々は焼け焦げて、元の形を残す建物はまるでありません。先生の安否と、もう一つ、本阿彌家の重宝ともいうべき留帳《とめちょう》のことが気になります。

近づいてゆくと、琳雅先生の住まいの辺り一帯はやはり焼け野ですが、一つだけ巍然《ぎぜん》と立っている建物が見えます。隣の冠質舗の蔵です。「助かった」

その蔵のかたわらに、琳雅先生が悄然と立っています。

「先生、ご無事で……」

琳雅先生は光遜先生の姿を認めると、涙をいっぱいためて「光遜、台帳は焼けたよ」と力なく言い、光遜先生の手を握って泣き出されてしまいました。

「先生、冠さんのお蔵は残っているじゃありませんか。台帳が焼けたなんてことはないでしょう」。留帳は、普段この蔵に預けてあったのです。

「それが駄目だったんだよ。外側は何ともないのに、屋根が焼け落ちて中のものは全部燃えてしまったのだよ。あの騒ぎだったから、気がつかなくて……」

光遜先生も暗澹とした気持ちで、煤《すす》まみれになって残った冠質舗の白壁を見つめるばかりでした。

小いなさんの功績

ここで、あらためて琳雅先生の奥さま、釜子夫人すなわち小《こ》いなさんについて触れなくてはなりません。

小いなさんは本阿彌家に嫁入りが許されない芸妓の身でありながら、全く行き詰まっていた本阿彌家の家計をひそかに助けておられました。その献身ぶりは頑迷な母堂の心にも次第に伝わっていたものと思います。しかし、家の格式を重んじる母上にとって、後継者の嫁を迎えるきっかけと大義名分は必要でした。

そんな折、小いなさんに大変な話がもたらされたのです。というのは、千束町の紙屑屋に売り物で出ているのが、どうも本阿彌宗家代々のお宝らしいというものでした。

今日から見ると、そんなことがあるはずがないと思われるかもしれません。しかし、宗家代々の秘宝が事もあろうに紙屑同然に扱われていたところに、明治維新以降の本阿彌家の悲惨な状況が如実に現れています。その話は紛れもなく、「留帳」とも呼ばれる寛永初年以降の折紙台帳三六五冊そのものでした。

小いなさんの心は踊り、しかるべき金子を用意して千束町に駆けつけました。そして台帳は紙屑とならずに済んだのです。今となっては代金がいくらであったか知るよしもありません（一説に三〇〇円であったといわれます）が、仮に本阿彌家の当主にその話がもたらされたとしても直ちに買い取れる額ではなかったでしょう。さらに小いなさんは、空中斎光甫《こうほ》が鎌倉星下の梅樹をもって刻んだという本阿彌光悦の木像も手に入れる幸運に恵まれました（この光悦像は琳雅先生の孫に当たる研師本阿彌道弘氏が家宝として所有しています）。

小いなさんはこの二つの重宝を嫁入り道具として、本阿彌家に迎えられました。その後の賢夫人ぶりは前述した通りです。

この台帳はその後、本阿彌家が苦境期を脱したころから、きわめて有力な財源となりました。どういうことかと言いますと、これには当時の本阿彌家が合議の上、鑑定し、評価を行い折紙を発行した記録と、その刀の特徴が詳細に記されていたのです。ある刀に付いている古折紙が本物かどうかを確認したり、その刀の来歴を調べたりすることは容易です。現実にそのような要望も多く、台帳に基づき折紙をあらためて発行することも行われてきました。

現存すれば、本阿彌家や刀剣社会の財産であるばかりでなく、まさに国宝の価値のあるものでした。

なお、関東大震災の折、小いなさんは訳あって同朋町の堀井家に帰っておられました。台帳がすべて灰になってしまったその日の同時刻、小いなさんも災禍の中に消えてゆかれました。一女性の数奇な運命と表現することもできますが、本阿彌家と日本刀の救済のために天から遣わされた菩薩のようにも思え、あらためて冥福を祈るばかりです。

第六章　日本刀とともに

『趣味のかたな』同人の面々（昭和28年7月）
前列左から、本阿彌日洲・本阿彌光遜・宮形光盧・大塚徳太郎
後列左から、小野光敬・服部栄一・本阿彌光博・村上孝介・
秋山光賢・著者・杉本光寛（敬称略）

戦時中の光遜先生

日本刀研究会の飛躍

私の知る限り、鑑定家本阿彌光遜先生は皇紀二六〇〇年に当たる昭和十五年（一九四〇）ごろ、その名声の絶頂期を迎えられたと思います。

さかのぼる昭和十一年の秋には雑誌『刀園』が創刊になりました。発行所として新たに刀園社をつくって黒門町に置き、光遜先生を主幹に、宮形光盧・村上孝介・岡田光巍《こうぎ》・秋山栄一といった方々が委員に名を連ねています。本誌は日本刀研究会の機関誌というにとどまらず、広く全国の愛刀家に向けての刀剣雑誌でありました。

日本刀研究会もまた、かつての光遜先生の私塾的なものから、影響力の拡大と時代の進展に伴って公共的性格を強めていきました。『刀園』の創刊と機を同じくして、光遜先生は中央刀剣会からの離脱を明確にすると、間もなく日本刀研究会の会則を大改正し、次のような会是を発表しました。

高尚なる趣味は高尚なる人格を完成す
日本刀を知るは日本精神を体得することなり

さらに、「日本刀江戸物展覧会」の開催と日本刀会館の建設の二大事業を計画しました。江戸物展覧会とは江戸新刀・新々刀を一堂に展観するもので、実に二六八点の名品ほか古文献などを全国から集め、東京・神田駿河台の日本医師会館大ホールにおいて十二年五月、実現させました。本阿彌家の取り扱う刀は古刀が主で、新刀・新々刀は得手でないというのが刀剣人の一般的な認識でしたが、日本刀研究会によるこの意外な催事は、それを覆すものでもありました。

日本刀会館は日本刀に関する中央の拠点として、具体的には靖国神社・遊就館の刀剣部、財団法人日本刀鍛錬会、大日本刀匠協会などを一つに併せたような、鑑賞と製作の一切を受け持つ機関たらんとし、さらに刀剣図書館や刀剣に関する学校を併設するという壮大な計画でした。目指した基金の総額も四二万八〇〇〇円と巨額で、こちらの方はついに成就しませんでした。

日本刀研究会の幹部の陣容は、大正の初めごろとは完全に世代変わりしていました。会則にある総裁・名誉会長・会長は当面空席として、副会長に田中時彦さんが、理事長に光遜先生が就任しました。その下に、常任理事庶務部長（企画部長兼任）村上孝介、同審査部長（書記長兼任）宮形光盧、同会計部長森栄一、同外交部長大粟磯二、同鍛錬部長柴田果、監事藤田円一・星合甚之助といった顔触れが見えます。

刀剣界功労者表彰・還暦祝賀会

昭和十五年四月二十九日、皇紀二六〇〇年の記念行事として、日本刀研究会は日本医師会館において刀剣界功労者表彰の式典を挙行しました。

日本刀研究会で初心者教育に手腕を発揮し、多くの愛刀家の育成に尽力した田中時彦さん、最も早くに刀剣会を設立し、阪神地区に国内随一ともいうべき隆盛をもたらした山口重一さん、九州地区の刀剣界発展の第一の功労者で「九州鎮台」の呼び名で知られた松本勝次郎さん、不振の時代から家産を傾けて職方の存続・育成に貢献あった服部善次郎さんの四人が、栄えある受賞の方々でした。ともに苦難を体験し、力を合わせて今日の繁栄に導いてきた同志を晴れやかな舞台に迎えることは、光遜先生にとっても喜びひとしおであったことと思われます。

また、この日は光遜先生の六一回目の誕生日に当たり、遅ればせながら還暦の祝賀も引き続いて行われました。先生はヤス夫人、慶應大学学生の光博さんとともに壇上に並び、日本刀研究会・全国本阿彌会会員、門下生などの参列者のお祝いを受けられました。

ちなみに、この表彰式と祝賀会に賛助された個人は三六〇人を超え、全国各地の刀剣会からも祝意が届きました。北から小樽刀剣会・函館刀剣会・青森本阿彌会・岩手本阿彌会・秋田本阿彌会・新潟刀剣会・川越刀剣会・電気倶楽部刀剣会・陸軍大学刀剣会・静岡

刀剣会・大阪本阿彌会・神戸本阿彌会・神戸海運光遜会・岡山本阿彌会・萩刀剣会・下関刀剣会・門司刀剣会・若松刀剣会・福岡筑紫刀剣会・福岡皇道刀剣会・福岡九大刀剣会・中津刀剣同好会・別府刀剣会・佐伯本阿彌会・宮崎刀剣会・延岡刀剣会・人吉刀剣会などが見えます。

光遜先生が特に関西・九州において絶大な信望を得ていたことがわかります。

本阿彌軍刀製作所

一方で、日本は次第に戦時色を深めていました。昭和十一年には陸軍青年将校らによる二・二六事件が起こり、日独防共協定が結ばれ、十二年になると蘆溝橋《ろこうきょう》事件をきっかけに日中戦争突入となります。十四年にはノモンハン事件があり、第二次世界大戦が始まりました。

昭和十五年は、十一月に紀元二六〇〇年奉祝の行事が相次いで行われましたが、世の中は沈滞ムードに覆われていました。「ぜいたくは敵だ!」が生活の標語になり、米・味噌・醬油・塩・マッチなどの販売が切符制になり、国民服の採用が決まりました。煙草のゴールデンバットは金鵄《きんし》に、チェリーは桜に改名になり、外国かぶれの片仮名の名前や不敬に当たる名前はまかりならんということで、歌手のディック・ミネが三根耕一に、俳優の藤原釜足が藤原鶏太に芸名を変えざるを得なかったのもこの年です。

そして、翌年十二月には太平洋戦争が始まるのです。

私は昭和十六年一月に応召しましたから、以後二十一年一月に復員するまでの五年間の光遜先生の周囲の出来事は、後に関係者から聞いたのみです。

「刀剣報国」「軍刀報国」の言葉がいつごろから刀剣界に流布していったか定かではありませんが、本阿彌家とてこうした世情の下で孤高を保ってはいられませんでした。

昭和十二年秋には日本刀研究会の報国事業として、軍刀身の適否の無料鑑定と、軍刀装備についての指導を打ち出し、間もなく、新作日本刀と軍刀の斡旋は無料で実施するようになりました。翌年一月早々には、先輩の宮形さんが栗原彦三郎団長率いる軍刀修理現地奉仕団の一員として、中国大陸に向かいました。

その宮形さんの戦後の回顧談によれば、十七年から終戦に至る本阿彌家の三年間は、慣れぬ軍刀事業に振り回されるばかりであったそうです。

初めは家内工業的に軍装の製作をやっていたのですが、十九年になって研磨工場を買収、そして刀身そのものの製作も開始しました。社名は有限会社本阿彌軍刀製作所、社長は光遜先生、副社長光博さん、専務宮形さん、顧問に服部栄治（後に栄一と改名）さん・笹田伝治郎さん・林田等さんらを迎え、総勢六〇人以上に及んだ時期もあったそうです。

光遜先生は十九年の初めごろ、神奈川県伊勢原町佐竹に別宅を建築していました。当時、伊勢原を中心として平塚・厚木・秦野を結ぶ三角地帯が、陸海軍の一大軍都になるという噂がありました。それを裏づけるように、近在には幾多の軍機関・施設がありました。それゆえ光遜先生は、別宅に隣接して鍛刀から研磨・外装までを一貫する軍刀量産の工場の建設を構想したのでした。あるいは、軍刀は当面の仕事で、かつて本阿彌光悦が洛北鷹ケ峰に芸術村を営んだように、いずれは刀剣の諸匠を集め刀剣芸術の一大拠点とすることを夢見ておられたのかもしれません。

しかし、ここには軍刀工場しかできませんでした。研磨部や外装部は分散して都内に置かれましたが、それにしても「士族の商法」は労多くして益少なく、最後まで軌道に乗ることはありませんでした。そして二十年二月の空襲で、製造機能を統合・移転していた御《お》徒町《かちまち》三丁目の本社が全焼しました。東京の下町を壊滅した三月九日の大空襲では、黒門町の本阿彌家も焼失しました。

その後、伊勢原工場の態勢を立て直し、一日に一〇〇振ほどの軍刀製造も可能にしたそうです。しかし、八月十五日に終戦の大詔がラジオで放送になり、製作途上にあった二〇〇〇振は真夏の太陽の照りつける中、裏庭に大きな穴を掘って処分したのでした。

戦後の光遜先生

私は満二〇歳になり徴兵検査を受けたところ乙種合格で、補充兵ということであったので、軍隊生活は免れたと確信しておりました。しかし、召集令状はどういうわけか現役兵よりも早く届きました。

入門五年目ぐらいからは一人前の下地研ぎができるようになり、光遜先生も認めてくださっていましたから、先生も予想外であったようです。もはや召集を解除してもらうことは不可能でしたが、便宜を図ってもらえるよう陸軍大学校の幹部の方に長い手紙を書いてくださいました。ここの刀剣会の講師として先生は教官の方々の指導に当たっており、私もお伴をすることがありました。

「本人は有為の研師であるので、どうか内地に置いて、いずれ日本刀の研磨に戻ってお国に役立たせていただきたい」というものでした。所属の甲府第四十九連隊では、所定の訓練を終えると私を含めた四、五人を残し、すべて北支に配属になっていきました。しかし、昭和十八年になると、北支の部隊が南方に移転し、その補充のためにいやおうなく中国に渡りました。

戦地では意外にも刀との縁が復活しました。師団司令部の参謀に愛刀家の方がおり、出張命令によってそこの資材部の所属になり、一室を与えられて日本刀の研磨の専従となったのです。将校連の佩刀の研磨と補修は絶えることなく、前線に行くことはありませんでした。私は、刀によって命を救われたと言っても過言ではないと思っています。

ちょうど五年間の軍隊生活を経て二十一年一月二十日に復員し、翌日、伊勢原に疎開している光遜先生を訪ねました。身近に一門の者はいなくなり、近所で麻雀をするぐらいがわずかな慰めで、無聊《ぶりょう》をかこっていました。敗戦後の刀剣界には、指導者の何人かが戦犯として逮捕されるという噂が根強くあったそうで、先生も素振りには見せませんが、そのことを危惧しておられるようでした。

連合国軍総司令部の民間武器回収命令と、それを受けての警察による刀剣類の提出勧告は、終戦から一年近く続きました。国宝・重要美術品までも無差別に接収された例もありました。隠匿していても進駐軍の電波探知機に見つかってしまうし、そのときは厳罰に処されるとまことしやかに言われたぐらいですから、刀剣界の戦犯問題は一層現実味を帯びて伝わっていたものでしょう。

「うちを手伝ってくれ」と言われ、再び先生のそばに仕えることになりましたが、これといってやるべき仕事はありません。畑仕事と雑用の毎日でした。「若先生」の光博さんは、平塚にあった進駐軍のPX（酒保）に勤めていましたが、先生と奥さまは刀というよりどころを失い、タケノコ生活で日々をしのいでいるありさまでした。生活の足しにと奥さまが作る野菜を売り歩いたこともありました。

あるとき、先生に「これから刀はどうなるんでしょうか」と伺ったことがありましたが、答えは「わしにもわからん」でした。

日本刀研究会は戦後一時的に、本阿彌会と名称を改め、その第一回を二十二年五月十一日、日本医師会館において開きました。国宝日向正宗・同徳善院貞宗・重美相州広光脇指・同一文字助真太刀・同甘呂俊長短刀などの出品があり、参会者は三二人を数えました。

同月二十五日から六月二十五日にかけては、上野の国立博物館で刀剣美術特別展覧会が未曾有の規模と内容で開かれています。刀の世界にも一筋の光明が差してきました。

そのころになって、光遜先生は「やっぱり東京に出なくては駄目だ」と漏らすようになりました。まず若先生が黒門町の焼け跡にバラックを建てました。荒れ果てていた懐かしい土地の地形《じぎょう》には、私も手伝いに行きました。光遜先生は黒門町には戻らず、ある後援者が用意してくださった千歳烏山の別宅にひとまず落ち着きました。

そこで私はいったんおいとまをいただき、実家に帰りました。時折、先生を訪ねては鑑定と研磨の指導をいただきながら、一方では生活の糧を得るために何でもやらざるを得ませんでした。手に職をつけようと選んだのは、木工の仕事でした。知り合いの木工所に「一年間で教えてほしい」と頼み込み、一通りの技術を習い覚えると、一人でやるようになりました。

木工というと聞こえはいいのですが、初めのうち作ったのは鍋・釜の蓋《ふた》や叩き付けの肥《こえ》柄杓《びしゃく》でした。それでも、物のない当時は売れました。蒸籠《せいろ》は狂いのないように組み合わせるのがなかなか厄介ですが、いい値段でさばけました。そのころ、店頭にパンなどが並ぶことはなく、イースト菌を買ってきて、家庭でパンもどきの蒸し菓子を作ることも珍しくなかったのです。

晩年の光遜先生

「山伏国広」を研ぐ

昭和二十四年（一九四九）、私は本阿彌家奥伝免許を受けたのを機に、平塚で研師として独立・開業しました。開業したとは言っても、まだそれほど研磨の需要があるわけでもなく、戦前からのお客さまの依頼を細々とやっていく程度でした。日本刀の復興には程遠く、製作は依然禁止され、専業の職方の数も限られていました。

翌二十五年のある日、光遜先生から突然、平塚の拙宅に「ヨウジ　アリスグ　コイ」と電報が届きました。何事かと急ぎ訪ねますと、すぐに一振の刀を出してこられました。「日州古屋之住國廣山伏之時作之」「天正十二年二月彼岸　太刀主日向國住飯田新七良藤原祐安」と太刀銘で表裏に切り分け、刀身の表に「武運長久」の文字、裏に不動を彫っています。天正打ちの国広は総じて長寸ですが、これも二尺五寸五分（七七・三センチ）あります。日向飫肥《ひゅうがおび》藩伊東家に伝来した重宝で、刀剣界では「山伏国広」の名で知られ、昭和十七年重要美術品に認定され、三十年には重要文化財に昇格しています。

この刀は、実は光遜先生に縁の深いものです。大正五年（一九一六）の秋に九州に赴いた折、佐賀で初めて拝見し、所蔵者にお願いして東京まで拝借してきたことがありました。日本刀研究会の入札鑑定には「区々《まちまち》たる答え及違法なる答仕候間充分御熟考の御入札を乞ふ」と、本国日向打ちの国広と導くためにわざわざ思わせぶりな張り紙をしたほどでした。当時国広についての研究は十分に進んでおらず、上身《かみ》の出来は間違いないものの、某故実家が「天正十二年（一五八四）に国広は日向にいなかった」「山伏になったことはない」と言ったとかで、物議を醸した一刀でした。

既に下地研ぎは完了していました。実に見事なもので、特に、難しい彫刻の周りの肉置きの状態には目を見張りました。先生は独り、ひそかに研ぎを再開しておられたのです。山伏国広は研師魂を相当にかき立てたらしく、「久しぶりに天下一の研ぎを見せてやる」と取りかかられたようでした。しかし、日本刀の研磨は想像以上に体力・気力を要する仕事です。下地研ぎを終えたところで精も根も尽き、私に声がかかったというわけです。

私が入門した当時、「こんなときは、研ぎをしていると一番気が休まる」と、いかにも楽しげに細工場にこもっておられた研師本阿彌光遜先生の若いお姿が重複して見えました。「研磨の神髄を教えるつもりだから、覚悟して本当に納得のいく仕事をしろ」。先生は私にそう言われました。そのころの先生の仕事を見ますと、かつてとは仕上げのやり方が異なり、私たちには出すことのできない地肌を出していました。戦争とその後の事情によって本格的な仕事を中断していたツケは大きく、私自身、力不足を痛感していましたから絶好の機会と、あらためて入門をお願いしました。そのころ、先生は千歳烏山から日本橋浜町に移っていました。そこの細工場へ平塚から毎日通って、懸命に仕上げ研ぎに取り組みました。

刃艶《はづや》から地艶《じづや》を終え、拭《ぬぐ》いもうまく入りました。次はいよいよ刃取りです。先生には毎日仕事の進み具合をご覧いただくのですが、刃取りの段階になるとなかなか良しと言っていただけません。

「新刀の祖」と言われる国広は、作刀期間が長く、作品の数も多く、また古刀期の最後にまたがるため作風も多様です。日向時代の作品は後のものに比べて刃味がやや劣り、焼刃は硬めです。このような出来の刃取りは容易ではありません。艶を使う親指の先がはれ上がってしまうほどでした。結局、この刃取りだけで一〇日も要してしまいました。

しかし、光遜先生の直々の指導の下で仕上げた国広は、技術的にも精神的にも私に大きな転機をもたらしてくれました。

刀剣界の巨星逝く

光遜先生の戦後は、華やかで、「本阿彌教教組」とまで呼ばれたほど絶大な信望のあった戦前に比べ、誠に不本意なものであったろうと思われます。

昭和二十三年二月に財団法人日本美術刀剣保存協会が設立される折には、かつての刀剣界で派閥的存在であった中央刀剣会、刀剣保存会、そして日本刀研究会もこぞって結集しました。刀を守るために、文字通り「小異を捨てて大同に就く」ものでした。光遜先生は、連合国軍からわが国に移管になった二十一年秋の第一回刀剣審査以来、一門とともに全面的に協力してもいましたが、同協会設立時には二人の門弟、宮形・村上両氏の理事就任を快諾したのでした。

刀剣協会が貴重刀剣の審査を始めるに当たって、本阿彌家に配慮して評議員会の席上で光遜先生に諮ったことを、佐藤寒山先生が記しています。

「本阿彌家の世襲的な鑑定とか折紙とか云うことがこれによって或は少くなると云うようなことがあるかも知れないと思われるし、鑑定家の商売を奪うような気がするが、それで宜しいかと私が申上げた時も、莞爾としてそれでよろしい、そうしてゆくことが刀剣道の為だと断言せられた。これ等すべて私情を捨て丶大道に生きた先生の態度は失礼ながら全く先哲の如きものがある」

日本刀研究会がようやく復活して第一回例会を開いたのは、昭和二十八年三月、京橋倶楽部においてでした。間もなく季刊誌『趣味のかたな』も創刊になりました。光遜先生を主幹とし、服部栄一さん・本阿彌日洲さん・本阿彌光博さん・村上孝介さん・秋山光賢さん・宮形光盧さんに混じって、私も同人の一人に加わりました（間もなく小野光敬さん・犬塚徳太郎さん・杉本光寛さんも参加）。同誌は三十一年三月をもって休刊となりますが、その間、光遜先生の存在をあらためて全国の愛刀家に伝え、新しい時代にふさわしい「趣味の普及」を訴えるものでありました。

光遜先生は昭和三十年、『日本刀大観』（十七年刊）以来の久方ぶりの大著『日本刀の掟《おきて》と特徴』を出版されました。これは老齢と病軀をおして、自らの最後の集大成にすると取り組んでおられたもので、菊版五〇〇ページの堂々たるものでした。最初の著『日本刀』の出版から四〇年が経過していました。

昭和三十年七月二十六日、本阿彌光遜先生先生はついに帰らぬ人となりました。七七年の生涯の大半を刀に捧げた方でした。

二十六・二十七の両日は晩年の住家であった蛎殻町《かきがらちょう》において、二十八日は新宿区北町の本宅において通夜が営まれ、翌日青山斎場で葬儀が行われました。故人にゆかりの方々約八〇〇人の参列があり、弔電四五〇通が寄せられました。

法名は大乗院光遜日華居士。恩師は今、本阿彌家の菩提寺である妙法寺に眠っています。

美術刀剣研磨研修所のこと

光遜先生の没後、私はいくつかのことを心に誓いました。

一つは、当然のことですが、本阿彌家で研磨を学んだ以上、この道を究めていくことです。そのころの目標は、はっきりしていました。本阿彌平十郎先生に発した現代研磨が、琳雅先生の名人技を経て、光遜先生の精緻な下地研ぎと、平井千葉先生の華麗な「平井研ぎ」に結実しています。これを受けてさらに研鑽を積み、特に相州伝の地鉄を究めていきたいと決意しました。

それから、衣鉢《いはつ》を継ぐと言うにはまだまだ未熟でしたが、日本刀の普及ということに力を尽くしたいと考えました。ある時期から機会を得て、近隣地区の各刀剣会の初心者教育の講師として奉仕させていただくようになりました。

刀剣会で使用していた自作のテキストは、昭和五十四年に『刀剣鑑定読本』に刊本となり、今も版を重ねて、初心の方に愛用されていますことは嬉しい限りです。平成九年には思いがけず英訳のお話を受け、"The Connoisseur's Book of Japanese Swords"の書名で海外の皆さんにも読んでいただけるようになりました。

そして、もう一つは、私が本阿彌家でそうしていただいたのと逆の指導者の立場で、日本刀の研磨技術を手ずから教えていく、しかもできるだけ多くの志望者に効率的に体得してもらうということでした。

これについては、以下に少し詳しく記してみたいと思います。

昭和三十一年八月、師匠宅で引き受けていた研磨の仕事の整理が済むと、再び平塚市で開業、自分なりに研究を重ねながら仕事にいそしみました。幸い後援してくださる大勢の方々のおかげで仕事も順調にいき、昭和三十四年、平塚から四キロほどの大磯町西小磯の地に移転しました。

日本の経済力が上向き、世情が落ち着くに従って日本刀に対する関心が高まり、同時に研磨の依頼も増えてきましたが、そのころ人を介して杉原弘君が最初の門弟として入門し、続いて宮形光盧さんの三男紀興君がやってきました。先に紹介した「私の夢」はこのころに記したものです。昭和三十年代後半からは日本刀愛好者が増加するに従って、研磨技術習得希望者も多くなりました。

実際に弟子を養成してみますと、種々疑問が生じてきます。昔から、職人は読み・書き・算盤《そろばん》ができなくても仕事さえ上手ならよい、理屈より仕事だと言われてきました。それで十分通用し、また都合の良い時代もありましたが、現代ではそうはいきません。。

このことから、昔ながらの徒弟制度の下で修業を積むやり方のほかに、特に戦後の若い人に向く修業方法はないかと考えるようになりました。方法をあれこれ考えるのは簡単ですが、いざ実行となるとさまざまの障害がありました。

その後も、蛇田純弘君、藤本光豊君、高倉聰明君、大川晃永君、佐藤信行君、阿部栄君、萩泰明君と入門者が相次ぎ、内弟子としての修業に励んでおりました。

閉鎖的な教育方法では、ややもすると一子相伝的なものになり、せっかく習い覚えた技術や研究は自己のみのものでしかなく、秘伝とか奥義という言葉で貴重な成果が隠されてしまうことが懸念されました。

そしてわずかな弟子たちにのみ受け継がれて、修業の広がりや積み重ねが難しい点も感じられました。長い間かかって築き上げた技術も一代限りで終わってしまい、次の世代に確実に伝わらないかもしれないという不安がありました。これでは研ぎの進歩もなく、広く日本刀、つまり貴重な文化財を正しい形で受け渡すことも難しいと思い、整然とした理論の上に立つ技術を公開し、大勢の者が同時に勉強できる方法はないかと、日夜思索を重ねるに至りました。

技術に加えて、研師は日本刀関係の職人の中では最も愛好者に接する機会が多く、しっかりした日本刀の知識を持たなくてはならないとも常々痛感していました。

幸い、これらの考え方に同調してくれる識者も多く、特に高倉俊明氏と間宮光治氏が強い励ましを与えてくれました。

では具体的にどうすればよいか――。それは、無駄を省いた科学的で合理化された技術指導、それによる習得期間の短縮、日本刀に関する総合知識、大切な文化財を扱う研師としての人間的自覚の養成、的確な鑑定力の養成などを内容とし、決して営利を目的としてはならない、さらに従来の徒弟制度の良い点をとらえ、それを合理化して時流に合った教え方をする、といった学校形式のものをつくることでした。

このような考え方がまとまったのは昭和四十年の初めでした。高倉俊明氏が伝統技術者の向上と後継者の育成に最適であると、その実現を強く要望されたのを機に、以前住んでいた平塚の家を改造し、立派な研師の誕生を夢見て、四十三年四月ささやかな永山美術刀剣研磨研修所を開設しました。

第一回研修生はわずか四人でしたが、何しろこのような形式の研師養成は初めてのことで、誠に大変な思いをしました。

対外的な交渉、愛好者や業者からの研磨依頼、内弟子の教育など、私自身の仕事は山ほどあるので、研修生教育の初歩的なものは、内弟子の中から一人前になった者を監督兼代行者として派遣し、寝起きを共にしながら、研ぎの技術はもちろん全人的に教えてゆく、一方研修生は、この道を希望しても適性があるかないかを見るため一カ月間を確認の期間とし、適合していれば早速研磨技術の教授に参加させ、階段を上るように工程の一段階ずつを確実に習得できるよう指導していくという方針を採りました。

この結果、一応、一人前の研師として世に出せる年限は三年ないし五年と定めました。従来の徒弟制度を一〇年とすれば、約半分の期間になったわけです。無論、技術ですから、期限さえ来ればよいというものではありません。また、これで終わりというのでもありません。正しい技術の習得がしてあれば、これを土台とし自身の才能と努力によって、もっと高度なものへ進むことが可能です。

研修所も二年目になって新たに七人の入所希望者があり、三年目に五人と続き、計画通り一〇人から一五人の研修生となって、教育課程も整備されすべてに充実してきました。このころから自然発生的に研修所の諸規則が生まれ、それに従って行動するようになりましたが、これとてあくまで研修生の自治を土台としたもので、昔の軍隊のような強制・強圧的なものではありません。

研ぎの勉強、日本刀の知識の吸収のかたわら、常時鑑定会を催して鑑識力の向上に努め、そのほか土地の方々との交歓、年二回の刀匠訪問、博物館見学、ハイキング、野球などの行事を持ち、研修生が研ぎという狭い視野だけでなく、奉仕の精神や広く豊かな人間性も涵養できるよう心がけました。

また、毎週月曜日に行う話し方教室は、研修所だけが持つユニークな教育課程で、知識の向上のみならず、精神面の訓練にもなりました。

従来一〇年間かかっていた研師修業の内容が三年から五年間で消化吸収できるためには、まず何よりも本人の仕事に対するひたむきさが必要です。

入所して一月間は、これまで全く研ぎの経験のなかった者が、将来研師としてやっていく適性を持っているかどうかを判断する期間です。一日一〇〇枚を目標に仕上げの刃艶作りに取りかからせます。一週間も続けると手の皮はむけるし、それでいて仕事は単調、全く音を上げたくなるようです。研師の仕事は地味で根気が要りますから、辛くても最初の我慢が大事です。その間に本人といろいろ話し合いが持たれます。

次に、いきなり刀を研ぐことはできませんから、木型を作って砥台に向かいます。砥石で鎬を立て刃先を決めて刀の形にするわけです。これも初心者にはなかなか容易でありません。木型作りを一通り終えると、さらに三カ月以上かけて、正式な研ぎの型（構え）にかかります。そしていよいよ、新身を金剛砥で研ぐ修業です。こうして一年間で研ぎの全工程が自分のものになります。

入所してくる者の中には、家族の誰かが既に研師であったり何らかの刀に関係した家庭環境を持っている場合と、全くそうではないが自発的に研師という職業を目指してやってくる場合とがあります。年齢も、義務教育を終えたばかりの一五歳から二〇代、三〇代、さらに研師としての経験を持ちながら、あらためて意欲的に学ぼうとする方までおります。

私のところに直接希望して訪れる方も、紹介者を通じて話が聞きたいと言ってこられる方もおります。機会があって地方の若い研師の方とお会いして仕事ぶりを見ると、なかなか筋も良く、きちんとした勉強をすれば一段と磨きがかかるのだが、このままでは本当に惜しいと思う人がいるものです。やる気さえあるなら力になってあげたいと思います。

しかし、現実には修業期間の生活の問題もあり、家庭がある人ならば負担は二重になります。つまるところ経済的な問題であり、本人がいくら修業したいと思っても、家庭の生活費を捻出し、さらに月謝を出して勉強するのは容易ではありません

そんなとき、私は次のようにヒントを与えてきました。当初は食事代から生活費すべてを含んで三万円の月謝でしたから、年額三六万円と、家庭の生活の目途を立てて来なさい、それには地元の愛刀家の方にお願いできれば結構ですし、私もできるだけ相談に乗ります、と。月謝がどうしても払えないからお借りしたいと言う者もありました。

研修所では一年間徹底した教育が行われますから、二年目からは一通りの水準の研ぎが

できるようになります。地元の愛刀家の方にも理解していただき、刀を研がせていただきます。修業中ですから五万円の相場のところを三万円で研ぐと、月三振がんばれば九万円になります。前年の借金を三万円返し、当月の月謝三万円を払っても、手元に三万円が残ることになります。つまり、学びながら生活が成り立つようにというのが、当研修所のシステムの特徴の一つでもありました。率直に言って、あくまで修業中ではありますが、一年間で研磨技術は十分に世間に通用するものになります。

最初は、弟子を育てながらお金儲けをしているのでは、などと誤解もされましたが、設立の意図を解説しますと納得され、逆にぜひ研修生を紹介したいと申し出てくださる方もありました。このような協力者に恵まれたせいもあって、一人の落伍者もなかったことは本当にありがたいことです。

正規の研修生ではありませんが、四十五年からは刀匠も受け入れ、勉強してもらうことにしました。

きっかけは隅谷正峯《すみたにまさみね》さんの依頼で、夏季は刀作りの仕事にならないので弟子たちに鍛冶押しを教えてやってほしいと言われ、その後、ほかの一門からも見えるようになったのです。

刀匠の場合は研師の養成と異なり、約三カ月間の短期講習です。鍛冶押しとは作者が自分の作品を研磨することで、普通は金剛砥で研ぎます。基本は自分の理想とする刀姿に近づけておくことで、そのために棟《むね》や刃、鎬《しのぎ》、それに横手や三つ頭《みつがしら》の位置を決めておくことが求められます。しかし、訓練を受けていないとなかなか難しく、当時、きちんとした鍛冶押しができる刀匠はそれほど多くありませんでした。

研修期間中、持参した打ち下ろしの作品で鍛冶押しに取り組んでいただくことはもちろんですが、併せて刀本来の姿を理解してもらうことに努めました。なぜなら、鍛冶押しの技術を一通り習っただけでは、また自己流に陥りがちです。刀の姿が理論的にも感覚的にも把握できれば、前工程の素延べや火作りから異なってくるはずです。鍛冶押しの勉強は、刀姿作りにまで効果が結びつかなければいけません。

それと、仕事は違っても、同じ刀の修業をしている者同士が意思の疎通を図ることは、大変有意義です。研修所の夏は、あちらでもこちらでも、激論が戦わされたものです。師匠以外に意見を言ってもらえる機会のまれな刀匠も、それなりの収穫を得て帰っていったことと思います。

このような刀匠との交流も相まって、研修所には新作刀の研磨の依頼も数多くありました。数度の研磨を経た古作に比べて、新作刀は一段と勉強になります。当時の体験が生きて、研修所の出身者が新作刀を苦にしないのはいいことです。また、刀匠たちとの深い付き合いも続いているようです。

こういう点からも、研修所はいささか現代刀に貢献してきたと言えるかもしれません。

なお、当研修所は昭和六十一年、所期の使命を達して閉鎖しました。一九年の間に、鍛冶押し研修、海外からの短期研修を含め七十余人が巣立っていきました。

研修生はほぼ全員、三年から五年で所定の過程を終了し、独立していきました。その後、研磨コンクールで特賞や優秀賞などの上位入賞を果たす者も多数出ています。

女子ばかりの私の家に研磨の後継者はおりませんが、私には子供同様の研磨技術継承者がたくさんおります。

今振り返ってみて、やってきて本当によかったと思います。

あとがき

恩師本阿彌光遜先生が亡くなられて四十余年が経過した今、先生を直接に知る人はきわめて限られ、門人はとうとう私一人になってしまいました。何か記録を残しておきたいという気持ちに駆られ、三年ほど前から記憶をたどりつつようやく本書をまとめ上げました。

研師として育てていただいた以上、併せて本職についての見解を記すこともあるいは斯界への恩返しの一つになるかと考えました。第二章は『趣味のかたな』誌を中心に三〇歳代前半に書いたもので、力不足にいささか気が引けましたが、あえて内容を修正せず掲載しました。第三章（青雲書院刊『技法と作品・研磨彫刻編』からの再録）とともにお読みいただければ、研磨の一端がご理解願えるのではないかと思っております。

師匠のことを思い出すたびに、いまだ道半ばのわが身をふがいなく思います。研磨の技術もさることながら、日本刀の普及と保存は先人の努力を受けてなお喫緊の課題となっております。それとともに、これからは日本刀の世界が特に海外に向かって開かれていくことが求められますが、そのために多くの若い方々が刀職として参加され、その能力を存分に発揮していただくことを心から願います。

私自身、命続く限りこの道に精進する所存です。刀を愛する皆さまに一層のご指導と、後進の成長、日本刀の悠久の伝承に深いご理解を賜りますようお願い申し上げます。

平成十年八月吉日　於　翠居庵

一門の諸君、妻サト子と三人の娘茂子・和代・晴美の協力に感謝しつつ

永　山　光　幹

〈著者紹介〉
永山　光幹（ながやま・こうかん）

大正９年３月21日　神奈川県中郡相川村（現厚木市）生まれ。本名・茂
昭和９年４月　本阿彌光遜師に入門
昭和16年１月　甲府第49連隊に入営
昭和21年１月　復員。本阿彌光遜師に再入門
昭和30年１月　本阿彌家免許皆伝
昭和30年８月　㈶日本美術刀剣保存協会主催研磨技術等発表会において無鑑査、同審査員
昭和31年８月　神奈川県平塚市で研磨業を開業
昭和36年６月　㈶日本美術刀剣保存協会貴重刀剣審査員、同研磨技術等講習会講師
昭和43年４月　神奈川県平塚市に永山美術刀剣研磨研修所を設立
昭和46年７月　神奈川県大磯町文化財保護委員
昭和47年４月　㈶日本美術刀剣保存協会主催新作名刀展審査員
昭和53年10月　ユネスコ本部の要請によりイタリア・ベニスの東洋美術館所蔵の刀剣類を調査。帰国後、同館所蔵の日本刀10振を研磨
昭和54年６月　『刀剣鑑定読本』出版
昭和60年７月　神奈川県銃砲刀剣類登録審査員
平成７年　㈶日本美術刀剣保存協会重要・特別重要刀剣審査員
平成９年12月　“The Connoisseur's Book of Japanese Swords” 出版
平成10年５月　重要無形文化財保持者に認定される
平成10年５月　㈶日本美術刀剣保存協会理事
〈その他〉　㈶日本美術刀剣保存協会湘南支部・同川崎支部相談役。研磨技術保存会副幹事長。幹枝会相談役。大磯刀剣会・平塚刀剣会・藤沢刀剣会・川崎刀剣会・静岡観刀会・静岡永楽会・佐野美術館友の会刀剣の部講師
〈現住所〉　〒255-0005 神奈川県中郡大磯町西小磯805

日本刀を研ぐ　―研師の技・眼・心―〔新装版〕

1998年9月5日 初　版発行
2000年6月25日 第3刷発行
2007年5月30日 新装版発行

著　者　永山光幹
発行者　宮田哲男
発行所　株式会社 雄山閣
　　　　東京都千代田区富士見2―6―9
　　　　電話　03―3262―3231
印刷所　研究社印刷株式会社
製本所　協栄製本株式会社

ISBN978-4-639-01989-3　C0072